LA GUÍA INCREÍBLEMENTE FÁCIL DE IPADOS 17

PRIMEROS PASOS CON LA ÚLTIMA GENERACIÓN DE IPAD, IPAD PRO Y IPAD MINI

SCOTT LA COUNTE

RIDICULOUSLY SIMPLE BOOKS

ANAHEIM, CALIFORNIA

www.RidiculouslySimpleBooks.com

Índice

Descargo de responsabilidad: aunque se ha hecho todo lo posible para garantizar la exactitud, este libro no está avalado por Apple, Inc. y debe considerarse no oficial.

INTRODUCCIÓN

Primeros pasos con iPadOS 17

Imagina una época en la que la idea de un dispositivo más delgado que un bloc de notas, pero más potente que los ordenadores de sobremesa de antaño, parecía un sueño descabellado. Ese sueño es ahora una realidad tangible con el iPad.

En el elegante diseño del iPad se esconde un chip tan potente como el de los grandes portátiles. No es una tableta cualquiera; este iPad es una herramienta dinámica que pone al alcance de tu mano un rendimiento sin igual, haciendo posible realizar tareas que antes parecían inconcebibles en un dispositivo tan delgado y ligero.

Tanto si eres nuevo en el mundo de los iPads como si estás en transición desde un modelo anterior, esta guía está aquí para ayudarte. Está diseñada para guiarte a través de los aspectos esenciales de iPadOS 17.

En sus páginas descubrirá funciones como:

- Multitarea
- Widgets
- Nota rápida
- FaceTime
- Mensajes
- Enfoque

- Notificaciones
- Safari
- Mapas
- Fotos
- Y mucho más

¿Estás deseando sacar el máximo partido a tu nuevo iPad? Sumérgete en él.

Esta guía no está avalada por Apple, Inc. y debe considerarse no oficial.

[1]
Bienvenido

iPad vs. iPad

En realidad hay cuatro iPads cuando se trata de Apple: el iPad Pro, el iPad Air, el iPad Mini y el iPad. Solo el iPad Pro y el iPad se renovaron en 2022. Como su nombre indica, el iPad Pro es su tableta de gama más alta y es adecuada para personas que no la utilizan de forma casual: animadores, profesionales de negocios, etc. El iPad normal puede realizar trabajos serios, pero está pensado para el usuario ocasional, la persona que lo utiliza para ver películas, consultar Facebook y jugar de vez en cuando.

Antes de profundizar demasiado en cómo usar el iPad, echemos un vistazo rápido a lo que hace que cada iPad sea único.

iPad Pro vs iPad Air

Es evidente que el Pro es potente y que el Air es delgado, pero ¿qué más los diferencia?

El iPad Pro es alto y ancho, con unas dimensiones de 280,6 x 214,9 x 6,4 mm, un auténtico lienzo que ofrece más espacio para la creatividad y la productividad. Su chasis, una meticulosa mezcla de cristal y aluminio, encierra una impresionante pantalla LCD Liquid Retina XDR mini-LED de 12,9 pulgadas, un espectáculo de tecnología que ofrece unos asombrosos 1600 nits de brillo máximo, Dolby Vision y una fluida frecuencia de refresco de 120 Hz. Con la potencia bruta del chipset Apple M2 corriendo por sus circuitos, el iPad Pro promete un rendimiento vertiginoso, su CPU octa-core y su GPU de diez núcleos manejan con destreza cualquier tarea.

Ahora, pivota hacia el iPad Air. Presenta una propuesta más modesta con sus dimensiones de 247,6 x 178,5 x 6,1 mm, ofreciendo un marco esbelto y más manejable. Puede que la pantalla LCD Liquid Retina IPS de 10,9 pulgadas del iPad Air no tenga el mismo brillo máximo que su hermano mayor, pero sigue brillando con sus 500 nits. En su corazón late el chip Apple M1, precursor del M2, pero aún así un formidable procesador que ofrece un rendimiento y una eficiencia robustos.

Los dos comparten no pocos rasgos de familia: ambos renuncian a la ranura para tarjetas de memoria en favor de una sólida jerarquía de almacenamiento interno, con el iPad Pro alcanzando el cenit de los 2 TB junto con 16 GB de RAM para su nivel más alto. Cada uno posee un sistema de cámara principal capaz de capturar el mundo en espléndido 4K, aunque el iPad Pro mejora esta visión con una configuración de doble cámara y un escáner TOF 3D LiDAR para comprender y mapear la profundidad con delicadeza. Para esos momentos de autorreflexión, ambos iPad ofrecen una cámara selfie de 12 MP, que garantiza claridad y detalle en cada conferencia telefónica y selfie.

Sus experiencias auditivas también son dignas de mención: el iPad Pro cuenta con un cuarteto de altavoces que prometen un paisaje sonoro envolvente. El iPad Air, aunque no tan elaborado, garantiza un sonido rico con sus altavoces estéreo. La sinfonía de sonido de ambos dispositivos se complementa con la ausencia de un conector de 3,5 mm, una característica compartida que significa un impulso hacia la fidelidad de audio inalámbrico.

La tecnología inalámbrica está muy presente, y ambos dispositivos tienen Wi-Fi 6, aunque el iPad Pro amplía su conectividad con Wi-Fi 6E, y Bluetooth 5.3 frente al Bluetooth 5.0 del Air. En cuanto a la carga y transferencia de datos, ambos dispositivos están equipados con USB Type-C, el Pro con Thunderbolt 4 y el Air con USB Type-C 3.1 Gen2.

La seguridad y la interacción están entretejidas en su propia esencia. El iPad Pro confía en Face ID para una autenticación segura, mientras que el iPad Air opta por un sensor de huellas dactilares.

En el ámbito del color y el diseño, el iPad Air presenta una gama más vibrante de opciones con tonos como gris espacial, luz estelar, rosa, púrpura y azul, apelando a un espectro más amplio de gustos individuales. El iPad Pro, en cambio, ofrece una selección clásica con plata y gris espacial.

iPad Pro vs iPad

El iPad, un faro de practicidad y color, surgió con una pantalla Liquid Retina IPS LCD de 10,9 pulgadas, más pequeña pero vibrante. Era más ligero, con apenas 477 gramos, y ligeramente más grueso, con un perfil de 7 mm, lo que lo convertía en el compañero preferido de quienes se embarcaban en sus viajes diarios. La pantalla, aunque no tan ilustre como la de su hermano Pro, seguía brillando con 500 nits, suficientes para dar vida a las historias bajo la mirada de sus fieles usuarios.

En el corazón del iPad Pro se encuentra el chipset Apple M2, un behemoth octa-core flanqueado por una GPU de diez núcleos, lista para convertir las tareas más abrumadoras en un mero juego de niños. Ya fuera para conjurar elaboradas obras de arte o para calcular la inmensidad de conjuntos de datos, venía equipado con una variedad de opciones de almacenamiento y RAM, alcanzando las cotas de 2 TB y 16 GB de RAM para aquellos que anhelaban la potencia invisible.

El iPad, equipado con el chip A14 Bionic, tampoco se queda atrás. Su CPU hexa-core y su GPU de cuatro núcleos eran formidables, diseñados para los modernos alquimistas de la creatividad y la productividad, aunque con un enfoque más aterrizado, ofreciendo hasta 256 GB de almacenamiento y 4 GB de RAM.

Las cámaras del iPad Pro son lentes duales de 12 MP de gran angular y 10 MP de ultra gran angular, acompañadas de un escáner TOF 3D LiDAR para la profundidad, que capturan el mundo en todo su esplendor. El iPad, en comparación, tenía un único ojo de 12 MP de ancho, que sigue siendo nítido y perceptivo, aunque un poco menos omnisciente.

Los cuádruples altavoces del iPad Pro cantan sinfonías, mientras que los altavoces estéreo del iPad tarareaban melodiosas melodías. El Pro adoptó los vientos del cambio con Wi-Fi 6E y Thunderbolt 4, un marcado contraste con el Wi-Fi 6 y USB Type-C 2.0 del iPad.

La seguridad fue primordial, con el iPad Pro mirando hacia el futuro con Face ID, mientras que el iPad se mantuvo anclado en tierra con un sensor de huellas dactilares

iPad Pro vs iPad Mini

Si lo que quieres es pequeño, tu única opción real es el iPad Mini. Pero, ¿pequeño significa no potente? Difícilmente.

El iPad Pro es un auténtico coloso con sus dimensiones de 280,6 x 214,9 x 6,4 mm, por encima del pequeño iPad Mini, que mide unos más modestos 195,4 x 134,8 x 6,3 mm. Su peso físico es indicativo de sus capacidades; el iPad Pro, con un peso de 682 gramos para el modelo Wi-Fi, es un campeón de peso pesado en comparación con los 293 gramos del iPad Mini Wi-Fi.

La parte frontal del iPad Pro es una magnífica pantalla Liquid Retina XDR mini-LED LCD, que presume de una alta frecuencia de refresco de 120 Hz, HDR10 y compatibilidad con Dolby Vision, con una luminosidad que brilla a unos impresionantes 1000 nits, por lo general, y puede estallar hasta 1600 nits en su punto máximo. Puede que la pantalla Liquid Retina IPS LCD del Mini no llegue a estas alturas, pero sus 500 nits no son nada despreciables, ofreciendo imágenes claras y vibrantes en su pantalla más pequeña de 8,3 pulgadas, que aporta una densidad más nítida de ~327 ppi en comparación con los ~265 ppi del Pro.

El corazón del iPad Pro es el chipset Apple M2 con una CPU octa-core y una GPU Apple con gráficos de 10 núcleos, una configuración que es sin duda más potente que el A15 Bionic del iPad Mini con una CPU hexa-core y una GPU de 5 núcleos. Ambos ofrecen un rendimiento fluido, pero el Pro está orientado al trabajo pesado en flujos de trabajo profesionales.

Para los entusiastas de la fotografía, la Pro cuenta con una configuración de doble cámara con un objetivo gran angular de 12 MP y otro ultra gran angular de 10 MP, enriquecido con un escáner TOF 3D LiDAR para la detección de profundidad, que ofrece una mayor versatilidad en comparación con la única cámara gran angular de 12 MP de la Mini. Ambas pueden grabar vídeo 4K, pero la Pro amplía sus prestaciones con funciones como ProRes y el modo Cinematic.

La conectividad del Pro mejora con Wi-Fi 6E y Bluetooth 5.3, superando ligeramente al Wi-Fi 6 y Bluetooth 5.0 del Mini. Para los que necesiten la máxima velocidad de transferencia por cable y compatibilidad con pantallas externas, el puerto USB Type-C con Thunderbolt 4 del Pro es una bendición, mientras que el USB Type-C 3.1 del Mini sigue ofreciendo una conectividad robusta.

La seguridad biométrica también difiere: el Pro opta por Face ID, que permite una experiencia de desbloqueo fluida, mientras que el Mini lo mantiene táctil con un sensor de huellas dactilares integrado en el botón de encendido.

IPAD FRENTE A ANDROID Y WINDOWS

A continuación, veamos brevemente cómo se compara el iPad con otras tabletas del mercado: sobre todo con Android y Windows. Antes, las tabletas eran compañeros ocasionales que se utilizaban sobre la marcha; ahora son caballos de batalla que, en algunos casos, pueden sustituir al ordenador.

IPAD PRO 12.9 VS SURFACE PRO 9

En una esquina se encuentra el iPad Pro de 12,9 pulgadas: La visión de futuro de Apple encerrada en un elegante cuerpo de aluminio que destila elegancia y potencia. Sus dimensiones son precisas, su peso lo suficiente para que parezca sustancial sin agobiar al usuario. Un diseño que no solo busca agradar estéticamente, sino que también promete una experiencia táctil de primera.

En la esquina opuesta está la Surface Pro 9: la respuesta de Microsoft al enigma de la informática moderna, que presenta una filosofía de diseño que se hace eco de la de su rival, pero con un peso que susurra su robustez. Una promesa de durabilidad tanto para el nómada digital como para el profesional, su presencia es ligeramente más asertiva, un testimonio de su naturaleza versátil.

El iPad Pro cuenta con una pantalla revolucionaria: un lienzo de 12,9 pulgadas que baña la vista del usuario con los colores más vivos y las luces más brillantes gracias a la tecnología mini-LED de última generación.

La Surface Pro 9 cuenta con una pantalla no solo vibrante, sino inteligente, que adapta su perfil de color para una experiencia visual óptima.

Aunque no cuente con la tecnología mini-LED, se mantiene firme gracias a la robustez de Gorilla Glass y a un tamaño que supera al del iPad, aunque por poco.

Dentro del chasis del iPad Pro se esconde el corazón de un dragón: el chipset M2, el silicio propio de Apple que insufla fuego a cualquier tarea, apoyado por una RAM que garantiza que ningún reto sea demasiado grande, todo ello integrado a la perfección en el tejido de iPadOS.

La Surface Pro 9 no flaquea en su respuesta, ofreciendo la posibilidad de elegir su motor informático, ya sea la potencia de los procesadores Intel de 12ª generación o el Microsoft SQ 3 de diseño personalizado para aquellos que deseen tomar el camino menos transitado con conectividad 5G. Su sistema operativo Windows 11, un lienzo tan familiar como potente, lleva toda la experiencia de escritorio a una elegante tableta.

El iPad Pro habla el lenguaje del futuro con sus capacidades USB-C y Thunderbolt 4, un portal hacia velocidades de transferencia de datos sin precedentes y un puente hacia un mundo de periféricos.

Surface Pro 9 responde con una auténtica orquesta de puertos, un conjunto de conectividad que garantiza que ningún dispositivo se quede atrás, proporcionando flexibilidad y funcionalidad a raudales.

Samsung Tab S9

Imagina que sostienes el iPad Pro en la mano y que su robusto marco te habla de la potencia que encierra. Con 12,9 pulgadas, su pantalla Liquid Retina XDR mini-LED no solo es grande sino luminosa, con un brillo máximo que rivaliza con el sol de mediodía y Dolby Vision para una experiencia de color cinematográfica. Se trata de un dispositivo que no escatima en alardear de sus huesos de aluminio, aunque guarda silencio sobre su resistencia a los elementos.

Ahora imagina el Samsung Galaxy Tab S9, un contendiente más esbelto. Su construcción más ligera hace que sea un sueño manejarlo, y con una clasificación IP68, es un guerrero contra el polvo y el agua, una característica de la que no presume el iPad Pro. La pantalla Dynamic AMOLED del Tab S9 puede ser más pequeña, de 11 pulgadas, pero deslumbra con colores vibrantes y los negros más profundos, cortesía de sus capacidades HDR10+.

Cuando se trata de cerebros, el iPad Pro es una potencia con su chipset Apple M2, una maravilla de la ingeniería que proporciona un rendimiento fluido tanto si estás pintando una obra maestra digital como editando tu último vídeo 4K. El Galaxy Tab S9, sin embargo, se mantiene firme con el Qualcomm Snapdragon 8 Gen 2, un campeón de Android que garantiza una navegación fluida en las jornadas de trabajo más ajetreadas.

La guerra del almacenamiento es interesante. La capacidad del iPad Pro se dispara hasta los 2 TB y admite hasta 16 GB de RAM en sus niveles superiores, aunque evita la noción de expansión de memoria externa. El Galaxy Tab S9, aunque ofrece un humilde máximo de 256 GB de almacenamiento y 12 GB de RAM, adopta la flexibilidad de una ranura para tarjetas microSD, haciéndose querer por aquellos que aprecian el almacenamiento ampliable.

Los entusiastas de la fotografía pueden inclinarse por el iPad Pro con su doble cámara y el toque futurista de un escáner LiDAR, que mejora tanto la profundidad de las fotos como las experiencias de realidad aumentada. El Galaxy Tab S9 mantiene la sencillez con una única cámara trasera, pero no compromete la calidad de sus tomas ni las capacidades de la cámara frontal.

Tomad nota los audiófilos: ambas tabletas cuentan con cuatro altavoces, pero los de la Galaxy Tab S9 están sintonizados por la prestigiosa AKG. Las conexiones de ambos son modernas, pero solo el iPad Pro cuenta con Thunderbolt 4, una bendición para los amantes de los datos a alta velocidad.

Tableta Google Pixel

Nada más entrar, el iPad Pro de 12,9 pulgadas es inmediatamente reconocible. Su amplia pantalla Liquid Retina XDR mini-LED de 12,9 pulgadas, con una frecuencia de actualización de 120 Hz y un impresionante brillo máximo de 1600 nits, ofrece una imagen impactante. La compatibilidad con HDR10 y Dolby Vision garantiza que todas las imágenes sean espectaculares, cautivando al usuario con una floritura de color y contraste de alta definición.

Envuelto en un elegante cuerpo de aluminio, este iPad Pro es un placer tanto visual como táctil. Su capacidad es considerable, pero solo pesa 682 gramos. Con compatibilidad con una amplia gama de redes, incluida la 5G, y un conjunto de opciones de conectividad encabezadas por un puerto USB Type-C con Thunderbolt 4, presume de versatilidad y potencia.

El corazón de este dispositivo es el chipset Apple M2, una maravilla de la ingeniería que, junto con hasta 16 GB de RAM, hace que la multitarea parezca tan fácil como una brisa. Las cámaras, un dúo de 12 MP gran angular y 10 MP ultra gran angular, se complementan con un escáner TOF 3D LiDAR, que abre una nueva dimensión en las aplicaciones de realidad aumentada.

A continuación, dirigimos nuestra mirada a la Google Pixel Tablet, un dispositivo que aborda el concepto de tableta con la sencillez y accesibilidad emblemáticas de la filosofía de hardware de Google. Su pantalla LCD IPS de 10,95 pulgadas, aunque no tan radiante como la de su homóloga de Apple, ofrece una respetable resolución de 1600 x 2560, lo que garantiza que tu mundo digital se presente con claridad.

El Pixel Tablet, vestido con una moderna silueta de aluminio, es notablemente más ligero con 493 gramos, un guiño a quienes valoran la portabilidad. Renuncia a la conectividad móvil, posicionándose como un dispositivo centrado en Wi-Fi, un compañero para el hogar más que para el ajetreo del mundo exterior.

La Pixel Tablet funciona con el chipset Tensor G2 de Google, que promete ofrecer una experiencia Android ágil y actualizable a Android 14. Aunque la única cámara de 8 MP en la parte delantera y trasera es modesta, está en consonancia con el espíritu de simplicidad y utilidad de la tableta.

El Apple Keyy el Apple Pencil

Puede que hayas comprado el iPad pero aún no te hayas decidido por el Teclado y el Lápiz. Así que vamos a hablar brevemente de ambas cosas.

El teclado es, bueno, ¡un teclado! Pero si usted ha tenido el viejo teclado de Apple Keyde Apple, probablemente te alegrarás de que el viejo estilo origami haya desaparecido; quizá sea cosa mía, ¡pero siempre me ha costado averiguar cómo doblarlo! Este es mucho más sencillo.

Más sencillo significa que desaparece una posición; en la versión anterior, se podía utilizar como soporte sin el Teclado. Ya no es el caso. Por supuesto, se mantiene en pie con el teclado abierto.

También tiene dos posiciones, por lo que puede tener dos ángulos de visión; esto es útil cuando se está escribiendo en el regazo, pero no es tan funcional como el caso del teclado con más posibilidades ilimitadas con la posición.

No es terriblemente pesado, pero añade algo de peso; recomiendo probarlo en una tienda antes de comprarlo.

A continuación, el Apple Pencil. Está completamente rediseñado, y ya no viene con "puntas". Tienes que comprarlos extra. Aunque son bastante baratos.

La mayor ventaja del nuevo Apple Pencil es que no tienes que enchufarlo. La generación anterior tenía que cargarse en la parte inferior del iPad, en el puerto de carga, lo que realmente podía estorbar. Esta generación es totalmente magnética.

El iPad de 2022 solo es compatible con el Pencil de primera generación (que no se carga magnéticamente); el iPad Pro es compatible con el Pencil de primera y segunda generación.

Hablemos de tu cara

Hablemos brevemente de su rostro. No te preocupes, ¡estás guapísimo! Estoy hablando de Face ID. Puede que estés acostumbrado a usarlo en tu teléfono-es una gran característica. Puede que incluso hayas oído hablar de la función en algunos de los iPad. Entonces, ¿dónde está? A menos que tengas un nuevo iPad, no lo encontrarás. El sensor de huellas dactilares es todo lo que tienes. Así que si estás mirando alrededor del iPad tratando de encontrarlo, entonces déjame ahorrarte la molestia: Face ID no está ahí.

Novedades de iPadOS 17

¿Lo mejor de iPadOS? Siempre es una actualización gratuita.

Esta actualización pretende mejorar tus interacciones diarias con tu querido dispositivo, ya sea para enviar mensajes, navegar o sumergirte en colaboraciones creativas. Veamos las novedades y cómo estas actualizaciones pueden hacer que tu experiencia con el iPad sea aún más agradable.

Empecemos por la pantalla de bloqueo, porque es lo primero que verás tras una actualización. iPadOS 17 te invita a convertir este espacio en tu propio lienzo digital. Con nuevas opciones como el fondo de pantalla Astronomía, que pone el cosmos al alcance de tu mano, o el Caleidoscopio, que baila cuando giras el dispositivo, tu iPad será aún más personal. Y eso es sólo el fondo de pantalla. Imagina Live Photos como fondo de pantalla que cobra vida cada vez que tocas la pantalla: es un pequeño toque que añade mucha magia.

Hacer un seguimiento en tiempo real de eventos como entregas de comida o resultados de partidos solía significar desbloquear el dispositivo y buscar entre las aplicaciones. Ahora ya no. Actividades en Directo es una nueva función que te permite controlar estos eventos directamente desde la pantalla de bloqueo. Es como tener un asistente personal que siempre está pendiente de ti.

Los widgets no son nada nuevo, pero sí lo es ponerlos en la pantalla de bloqueo. iPadOS 17 te permite echar un vistazo a información como los eventos del calendario, las actualizaciones meteorológicas o el estado de la batería sin necesidad de deslizar el dedo. ¿Y los widgets interactivos? Estos sí que cambian las reglas del juego. Ahora puedes reproducir música, atenuar las luces o realizar otras acciones directamente desde un widget con un solo toque.

Los mensajes reciben una importante renovación en iPadOS 17. Las nuevas aplicaciones de iMessage son más accesibles gracias a un práctico botón más, por lo que compartir fotos o su ubicación de una brisa. Ponerse al día en las conversaciones es más fácil con un toque en la flecha de ponerse al día, y deslizar para responder se siente increíblemente intuitivo.

iPadOS 17 no olvida el lado divertido de la comunicación: los stickers. Puedes crear pegatinas personalizadas a partir de tus fotos y añadirles efectos para estilizarlas. Y estos stickers no se limitan a Mensajes; con acceso a través del teclado emoji, puedes espolvorearlos en cualquier campo de texto o añadirlos a tus documentos e imágenes.

FaceTime introduce la opción de dejar mensajes de vídeo o audio cuando no se responde a tu llamada. Exprésate con gestos de la mano que activan efectos de realidad aumentada en pantalla o incluso inicia una llamada FaceTime desde tu Apple TV.

La app Salud llega al iPad con un diseño adaptado que aprovecha la gran pantalla. No se trata solo de hacer un seguimiento de la salud física; las nuevas funciones aportan información valiosa sobre la salud mental, ofreciendo evaluaciones y herramientas para ayudarte a reflexionar sobre tu estado de ánimo.

El rellenado de PDF se mejora con la función Autocompletar, que utiliza la información guardada en Contactos, y la visualización de PDF en Notas está prevista para finales de este año. iPadOS 17 lleva la colaboración a un nivel superior, permitiéndote a ti y a tus compañeros ver actualizaciones en directo mientras anotáis documentos juntos.

Los perfiles en Safari te permiten mantener separadas tus experiencias de navegación como Trabajo y Personal. La Navegación Privada mejorada mantiene tus sesiones bloqueadas y más seguras que antes. Y, si odias teclear esos molestos códigos de verificación de un solo uso, ahora iPadOS 17 los rellena automáticamente por ti desde Mail.

La autocorrección en iPadOS 17 es más inteligente, mostrándote lo que se ha cambiado y dándote el poder de revertirlo con un simple toque. La escritura predictiva también es más fluida, ya que ofrece sugerencias mientras escribes para ayudarte a redactar mensajes más rápido.

Para los artistas y los cerebritos, las nuevas herramientas de dibujo y las funciones de reconocimiento de formas de Freeform harán que tus ideas destaquen en el lienzo. Colabora en tiempo real con Follow Along, que te permite ver las ediciones de tus colaboradores a medida que se producen.

Stage Manager de iPadOS 17 aporta flexibilidad a tu espacio de trabajo, con más control sobre el tamaño y la disposición de las ventanas. Usa una cámara externa para FaceTime y disfruta de una multitarea más organizada y productiva.

Los resultados de búsqueda de Spotlight cobran vida con los colores e iconos familiares de las aplicaciones, mientras que Siri ahora acepta peticiones consecutivas, agilizando tus interacciones con el dispositivo.

AirPlay se ha vuelto más inteligente con sugerencias de dispositivos basadas en tus hábitos, y pronto podrás AirPlay en habitaciones de hotel compatibles. Los AirPods introducen Audio Adaptativo, modos de mezcla que se adaptan a tu entorno y un cambio más sencillo entre dispositivos.

Se ha ampliado la Seguridad de las comunicaciones, y ahora puedes difuminar las fotos sensibles y filtrar automáticamente los contactos desconocidos. Security Checkup es una nueva herramienta que te ayuda a revisar y restablecer quién tiene acceso a tu información.

Requisitos de actualización

Todo eso suena muy bien, ¿verdad? Pero, ¿quién puede actualizarse? Si tu iPad solo tiene un par de años, no tendrás problemas. Estos son todos los dispositivos que pueden actualizarse a iPadOS 17:

- iPad Pro de 12,9 pulgadas (2ª generación y posteriores)
- iPad Pro de 10,5 pulgadas
- iPad Pro de 11 pulgadas (1ª generación y posteriores)
- iPad Air (3ª generación y posteriores)
- iPad (6ª generación y posteriores)
- iPad mini (5ª generación y posteriores)

Gracias por el bonito gesto¡Apple!

Y ahora, el momento que estabas esperando: cómo moverte por un iPad mini sin el botón Home.

Recuerda que estos gestos son bastante universales: funcionan en el iPad mini y en los iPhone que no tienen botón de inicio.

Volvamos a casa

Primero, el gesto más fácil: llegar a tu pantalla de inicio. ¿Tienes papel y lápiz a mano? Es complicado... desliza el dedo hacia arriba desde la parte inferior de la pantalla.

Ya está.

No está muy lejos de pulsar un botón. El dedo está en el mismo sitio. La única diferencia es que mueves el pulgar hacia arriba en lugar de hacia dentro.

MULTITAREA

Como diría Dorothy, no hay lugar como el Hogar, pero aún podemos dar un aplauso a la multitarea, ¿no? Si no sabes lo que es, la multitarea es la forma de cambiar rápidamente entre aplicaciones: estás en iMessage y quieres abrir Safari para acceder a una página web, por ejemplo; en lugar de cerrar iMessage, buscar Safari desde la pantalla de inicio y repetir el proceso para volver, usas la multitarea para hacerlo rápidamente.

En los iPad antiguos se pulsaba dos veces el botón de inicio. En el nuevo iPad mini, desliza el dedo hacia arriba desde la parte inferior como si fueras a Inicio... pero no levantes el dedo; en lugar de levantar el dedo, sigue deslizando hacia arriba hasta que llegues a la mitad de la pantalla; en este punto, deberías ver la interfaz de multitarea.

Si tienes una aplicación abierta (Nota: esto no funciona en la pantalla de inicio), también puedes deslizar el dedo hacia la derecha por el borde inferior de la pantalla; así irás a la anterior aplicación abierta.

CONTROL DE MISIÓN... VAMOS POR LINTERNA

Por si no te has dado cuenta, estoy poniendo estas funciones por orden de uso. Así, el tercer gesto más utilizado por la gente es el Centro de Control. Ahí es donde se encuentran todos los controles... ¡el control está donde están los controles!

Revisaremos el Centro de Control con más detalle más adelante en el libro. Por ahora, sólo tienes que saber que aquí es donde harás cosas como ajustar el brillo, activar el modo avión y encender la querida linterna. En el antiguo iPad, accedías al Centro de Control deslizando el dedo hacia arriba desde la parte inferior de la pantalla. En el nuevo iPad mini, si recuerdas, deslizar hacia arriba te lleva a Inicio.

El nuevo gesto para el Centro de control es deslizar hacia abajo desde la esquina superior derecha del iPad mini (no desde la parte superior central, que hará otra cosa).

NOTIFÍCAME CÓMO RECIBIR NOTIFICACIONES

¡Eck! ¡Cuántos gestos que recordar! Déjame que te eche una mano. Para ver las notificaciones (alertas como las de correo electrónico y texto que recibes en tu tableta y teléfono), desliza el dedo hacia abajo desde el centro de la pantalla. Es lo mismo que hacías antes. Por último, ¡nada nuevo que recordar!

Siento volver a robarte el hueso, pero sobre lo de no recordar nada nuevo: algo hay que recordar. :-(

Si deslizas el dedo hacia abajo desde la esquina derecha, aparecerá el Centro de Control.lo que no ocurría en los antiguos iPad. Si deslizabas el dedo hacia abajo en cualquier parte de la parte superior, llegabas a la pantalla de inicio. En el nuevo iPad mini, solo puedes deslizar en el centro.

En busca de respuestas

Si eres como yo, seguro que tienes un millón de aplicaciones y, como quieres ver el fondo de pantalla en la pantalla de inicio de tu iPad mini, pones ese millón de aplicaciones en una carpeta. Puede que no sea la mejor forma de organizar una biblioteca, pero la función de búsqueda del iPad mini facilita encontrar cualquier cosa rápidamente.

Además de las aplicaciones, puedes utilizar la búsqueda para encontrar fechas del calendario, contactos, cosas en Internet... incluso puedes buscar el texto que aparece en una foto.

¿Lo mejor de la búsqueda? Funciona igual que en los iPads antiguos... ¡ahí tienes tu hueso de vuelta! Desde tu pantalla de inicio, desliza el dedo hacia abajo en el centro de la pantalla.

LLAMADA A TODOS LOS WIDGETS

Así que los Widgets son una de las últimas novedades del iPad. ¡Increíble! ¿Qué son? Piensa en ellos como un mini software. Se ejecuta en la pantalla de inicio para que puedas ver la información sin tener que abrir la aplicación. Si tienes acciones, por ejemplo, te muestra el valor de las acciones que elijas en tiempo real, para que no tengas que abrir nada. El objetivo es ahorrarte unos segundos al día o, en el caso del widget Fotos, que muestra recuerdos de lugares a los que has ido o personas que has conocido, alegrarte el día.

Si tienes un iPhone, puede que ya sepas cómo funcionan los Widgets porque el concepto es el mismo. En primer lugar, mantén pulsado el dedo sobre la pantalla de inicio para que los iconos se muevan y aparezca un botón + en la esquina izquierda. A continuación, toca el botón +.

Aparecerán los widgets disponibles. A medida que más desarrolladores creen widgets para sus aplicaciones, verás crecer esta área. Recuerda que solo verás los widgets de las aplicaciones que hayas descargado en tu dispositivo; por ejemplo, si no tienes la aplicación del tiempo, no verás el widget del tiempo.

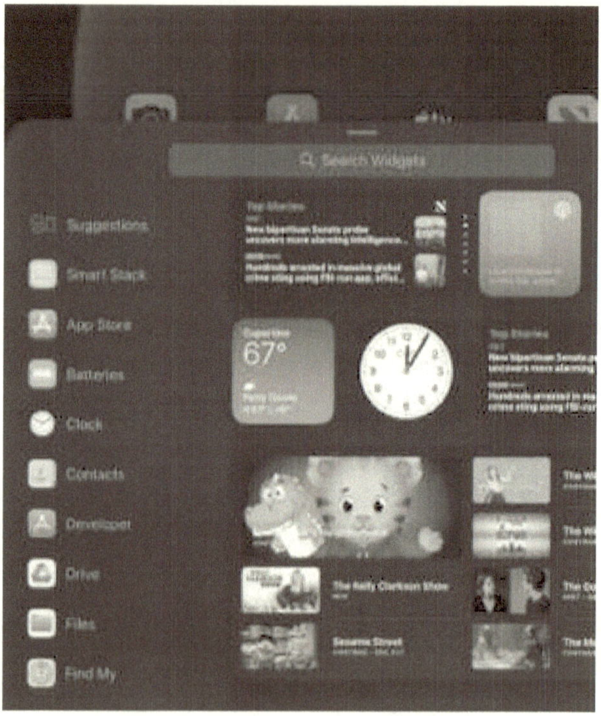

El tiempo es un widget muy popular, así que empecemos por añadirlo. Ve al nombre Weather en el menú de la izquierda.

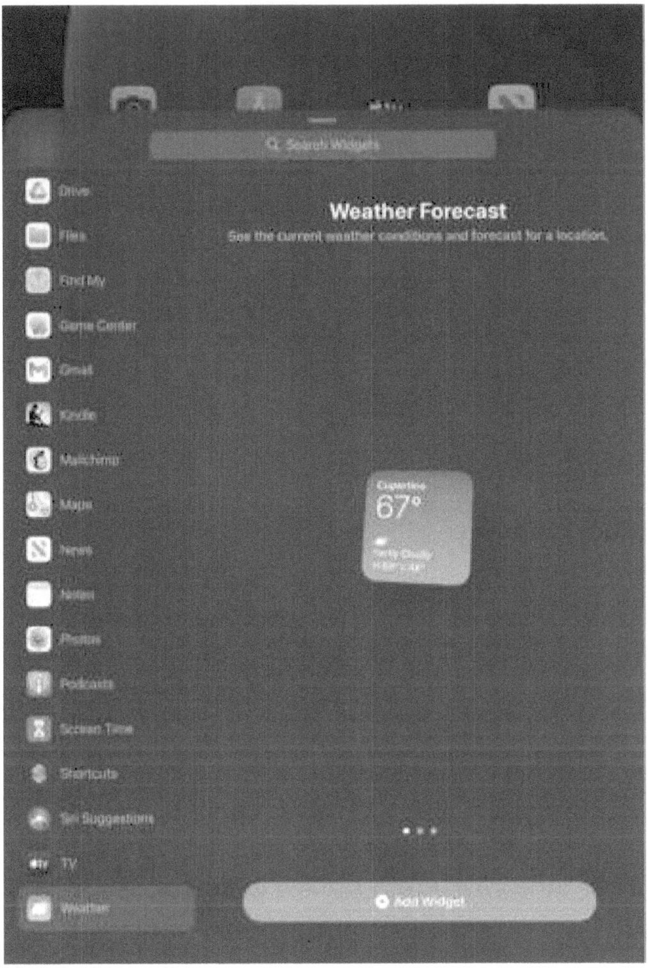

Debajo de la vista previa, verás tres puntos; eso indica que puedes deslizar el dedo hacia la derecha para ver más. Verás que la vista previa aumenta de tamaño porque el widget también lo hace. Cuanto mayor sea la vista previa, más espacio ocupará en tu pantalla de inicio. Cuando veas el que te gusta, toca "Añadir widget".

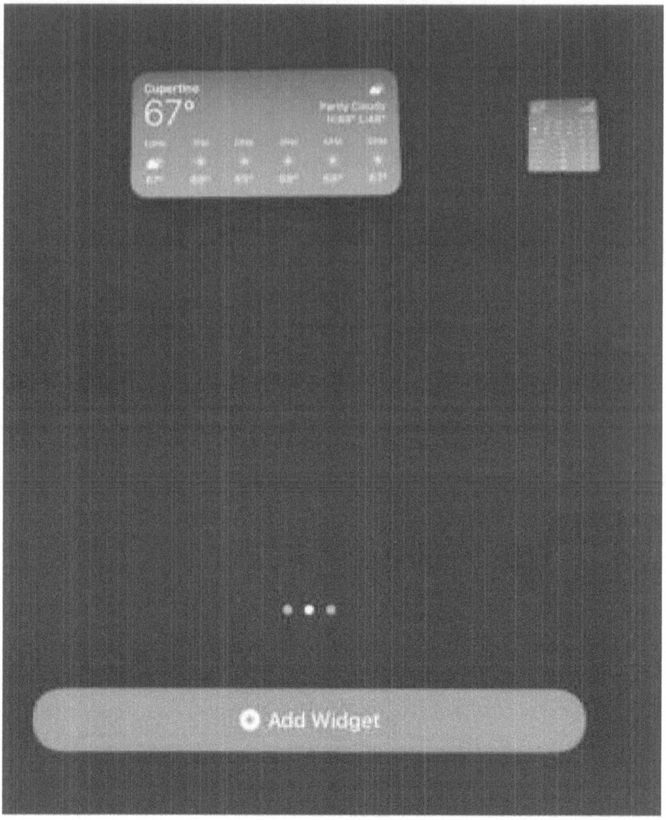

Algunos Widgets tienen cosas disponibles en ellos para editar. Si mantienes pulsado el widget, podrás ver si hay algo más que puedas hacer. En el caso del widget del Tiempo, puedes cambiar la ubicación. Sólo tienes que pulsar sobre Cupertino (o cualquier otra ubicación que aparezca en tu dispositivo).

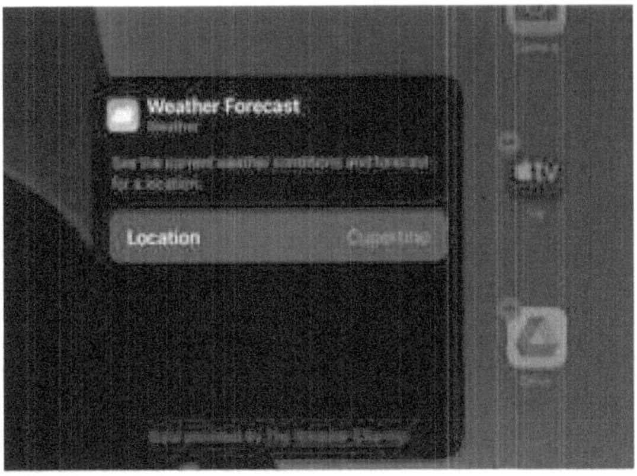

A continuación, pulsa "Mi ubicación" para mostrar la ubicación en la que se encuentra actualmente tu dispositivo (si viajas a una ubicación diferente, cambiará automáticamente), o selecciona buscar y encuentra manualmente la ciudad que quieres mostrar.

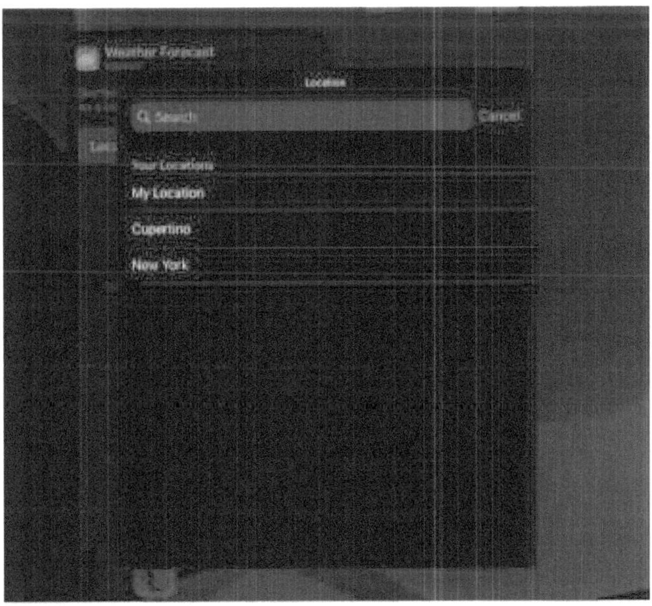

Una vez que selecciones Hecho, tu Widget aparecerá en la pantalla de inicio.

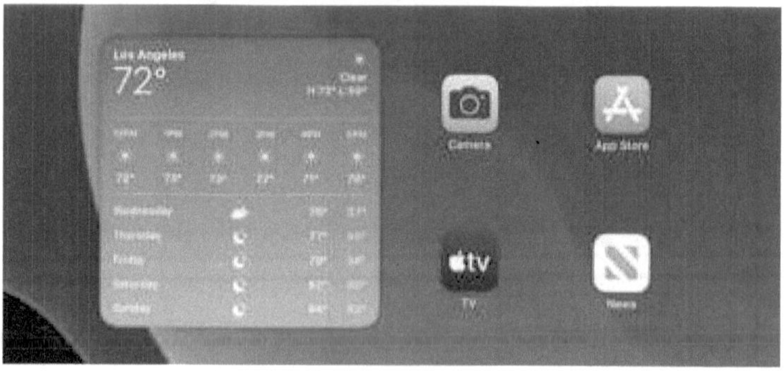

Pilas inteligentes

También puedes añadir como widget lo que se conoce como Smart Stack. Se trata de un widget que cambia en función de lo que predice que vas a utilizar durante un momento del día.

Si el widget tiene el mismo tamaño, puede arrastrarlo a otro cuadro de widget para crear su propia pila inteligente.

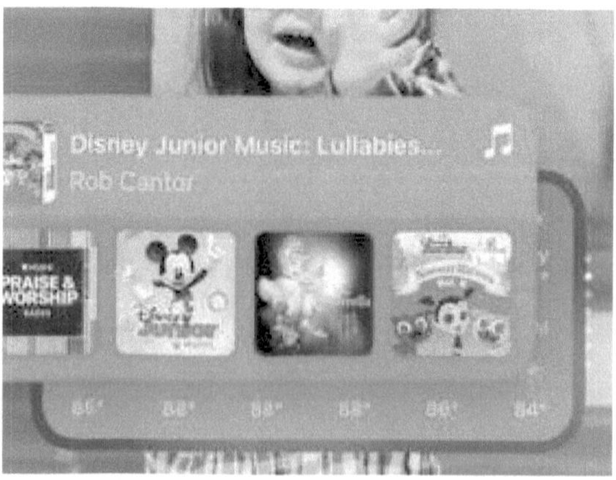

Una vez añadido, puedes deslizar el dedo hacia arriba y hacia abajo dentro de ese widget para alternar entre la aplicación.

Si pulsas prolongadamente sobre él, podrás editar la pila.

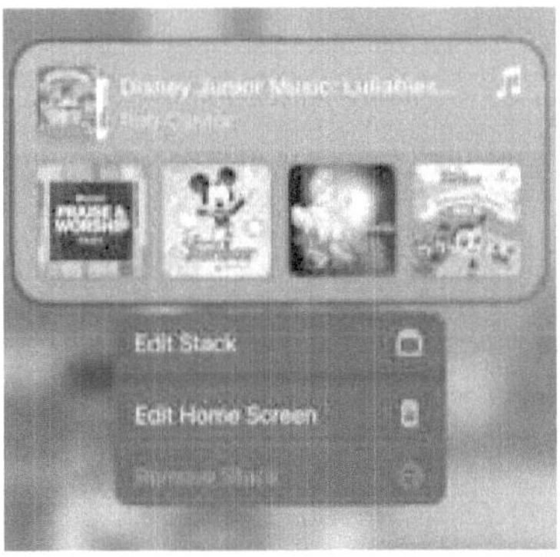

Cuando lo edites, podrás mover lo que haya en la pila y desactivar Smart Rotate, para que no rote a lo largo del día.

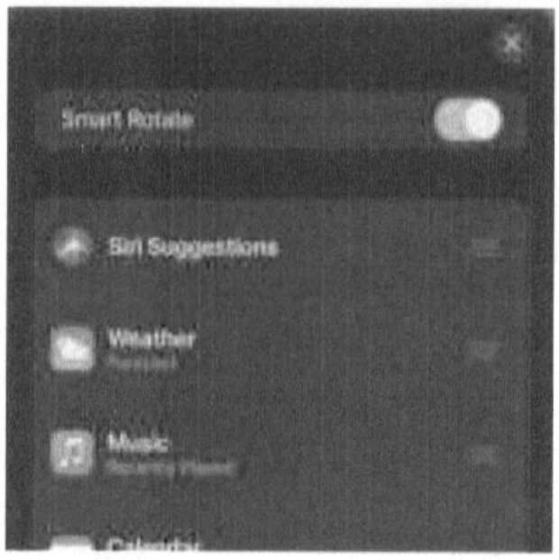

Resumen del primer capítulo de Ridiculously Simple

Vale, ¿sólo tienes un minuto para ponerte en marcha y necesitas el resumen de 1 minuto de todo lo importante?

Vamos a hablar de los gestos. El lado izquierdo será la forma en que el gesto solía trabajar, y el lado derecho será la forma en que funciona en los nuevos iPad minis.

Generación anterior de iPad mini	***iPad mini de nueva generación***
Ir a la pantalla de inicio - Pulse el botón Inicio.	Ve a la pantalla de inicio: desliza el dedo hacia arriba desde la parte inferior de la pantalla.

Multitarea - Pulsa dos veces el botón Home.	Multitarea - Desliza el dedo hacia arriba desde la parte inferior de la pantalla, pero no lo levantes hasta que llegue al centro.
Centro de control - Desliza el dedo hacia arriba desde la parte inferior de la pantalla.	Centro de control - Desliza el dedo hacia abajo desde la esquina superior derecha del iPad mini.
Notificaciones - Desliza el dedo hacia abajo desde la parte superior de la pantalla.	Notificaciones - Desliza el dedo hacia abajo desde la parte superior central de la pantalla.
Buscar - Desde la pantalla de inicio, desliza el dedo hacia abajo desde el centro de la pantalla.	Buscar - Desde la pantalla de inicio, desliza el dedo hacia abajo desde el centro de la pantalla.
Acceder a los widgets - Desde la pantalla de inicio o de bloqueo, desliza el dedo hacia la derecha.	Acceder a los widgets - Desde la pantalla de inicio o de bloqueo, desliza el dedo hacia la derecha.

[2]

PUESTA EN MARCHA

PUESTA EN MARCHA

No quiero apartarme de los temas principales para dedicar varias páginas a configurar tu iPad mini. La configuración es sencilla, y la ayuda en pantalla te da todo lo que necesitas saber. Sin embargo, hay algunas cosas que debes saber sobre la configuración:

Puedes cambiar cosas. Si dices que sí (o que no) a algo pero cambias de opinión, podrás cambiarlo en la Configuración, que te guiaré en las secciones correspondientes a lo largo de este libro.

Si vas a pasar de un iPad antiguo al iPad mini y quieres conservar todos los ajustes, asegúrate de hacer una copia de seguridad antes de restaurarlo a través de la Nube. Para ello, entra en Ajustes. A continuación, haz clic en el nombre de tu cuenta (lo primero que verás en la parte superior). A continuación, iCloud y Copia de seguridad de iCloud (cerca del centro cuando te desplaces) y, por último, Copia de seguridad ahora.

Face ID: probablemente Face ID sea nuevo para ti, a menos que tengas el iPhone X del año pasado. Algo que merece la pena destacar es que puedes añadir varias caras. Por ejemplo, si tu cónyuge o tu hijo usan tu tableta, pueden añadir su cara a Face ID y no tendrán que poner una contraseña ni pedirte que la desbloquees cada vez que quieran usarla.

GESTOS

A lo largo del libro, me referiré a determinados gestos. Para que entiendas la terminología, a continuación te presento los más comunes:

TOQUE

Es el "clic" del mundo iPad. Un toque es una pulsación breve. No tiene por qué ser fuerte ni durar mucho. Tocarás iconos, hipervínculos, opciones de formularios y mucho más. También tocarás números en un teclado táctil para hacer llamadas. No es exactamente ciencia espacial, ¿verdad?

Mantener pulsado

Esto significa simplemente tocar la pantalla y dejar el dedo en contacto con el cristal. Es útil para abrir menús contextuales u otras opciones en algunas aplicaciones.

Grifo doble

Se refiere a dos toques rápidos, como hacer doble clic con el dedo. Al pulsar dos veces se realizan diferentes funciones en distintas aplicaciones. También permite ampliar imágenes o páginas web.

Pase

Deslizar significa poner el dedo sobre la superficie de la pantalla, arrastrarlo hasta un punto determinado y, a continuación, retirarlo de la superficie. Utilizarás este movimiento para navegar por los niveles de menú de tus aplicaciones, por las páginas de Safarietc. Se convertirá en algo natural de la noche a la mañana, te lo prometo.

Arrastre

Mecánicamente es lo mismo que deslizar, pero con un propósito diferente. Tocarás un objeto para seleccionarlo y, a continuación, lo arrastrarás hasta donde tenga que ir y lo soltarás. Es como arrastrar y soltar con el ratón, pero sin intermediarios.

Pellizcar

Coge dos dedos, colócalos en la pantalla del iPad mini y muévelos acercándolos o alejándolos con un movimiento de pellizco o de pellizco inverso. Si juntas los dedos, harás zoom en muchas apps, como navegadores web y visores de fotos; si los separas, harás zoom.

Girar e inclinar

Muchas aplicaciones del iPad mini aprovechan la rotación e inclinación del propio dispositivo. Por ejemplo, en la aplicación de pago Star Walkde pago, puedes inclinar la pantalla para que apunte a la sección del cielo nocturno que te interese: Star Walk mostrará las constelaciones en función de la dirección hacia la que apunte el iPad mini.

¿De verdad acabo de gastarme cientos de dólares en emojis?

La razón por la que desembolsaste 100 dólares por un iPad mini más potente que muchos ordenadores fue para enviar adorables emojis en tus mensajes de texto, ¿verdad? Vale... ¡quizá no! Pero el teclado, y por extensión los emojis, es algo que usas mucho con tu iPad, así que vale la pena aprender más sobre él antes de profundizar en el software que depende de ellos.

Cada vez que escribes un mensaje, el teclado aparece automáticamente. No hay pasos adicionales. Pero hay algunas cosas que puedes hacer con el teclado para hacerlo más personal.

Hay que fijarse en algunas cosas del teclado: la tecla de suprimir está marcada con una pequeña "x" (justo al lado de la letra M) y la tecla de mayúsculas es la que tiene la flecha hacia arriba (al lado de la letra Z).

Por defecto, la primera letra que escriba aparecerá en mayúsculas. Sin embargo, puedes saber en qué mayúsculas y minúsculas están las letras de un vistazo rápido.

Para utilizar la tecla Mayúsculas, sólo tienes que tocarla y, a continuación, pulsar la letra que quieras escribir en mayúscula o la puntuación alternativa que quieras utilizar. También puedes tocar la tecla de mayúsculas y arrastrar el dedo hasta la letra que quieras escribir en mayúscula. Toca dos veces la tecla de mayúsculas para activar el bloqueo de mayúsculas (es decir, todo se escribe en mayúsculas) y toca una vez para salir del bloqueo de mayúsculas.

Caracteres especiales

Para escribir caracteres especiales, mantén pulsada la tecla de la letra asociada hasta que aparezcan las opciones. Arrastra el dedo hasta el carácter que quieras utilizar y listo. ¿Para qué utilizarías esto exactamente? Digamos que estás escribiendo algo en español y necesitas el acento en la "e"; si mantienes pulsada la "e", aparecerá esa opción.

UTILIZAR EL DICTADO

Reconozcámoslo: a veces escribir con el teclado apesta. ¿No sería más fácil decir lo que quieres escribir? Si es así, Dictation puede ayudarte. Sólo tienes que tocar el micrófono situado junto a la barra espaciadora y empezar a hablar. Funciona bastante bien.

TECLADOS NUMÉRICOS Y DE SÍMBOLOS

Por supuesto, en la vida hay algo más que letras y signos de exclamación. Si necesitas usar números, toca la tecla 123 en la esquina inferior izquierda. Aparecerá otro teclado con números y signos de puntuación.

Desde este teclado, puedes volver al alfabeto pulsando la tecla ABC en la esquina inferior izquierda. También puedes acceder a un teclado adicional que incluye el resto de símbolos estándar pulsando la tecla #+-, justo encima de la tecla ABC.

EMOJI TECLADO

Y por fin, ¡el momento que estabas esperando! ¡Emojis!

El teclado emoji es accesible mediante la tecla de cara sonriente situada entre la tecla 123 y la tecla de dictado. Los emojis son pequeñas imágenes de dibujos animados que puedes utilizar para animar tus mensajes de texto u otros escritos. Esto va mucho más allá de los emoticonos de dos puntos de antaño: hay suficientes emojis en tu iPad mini para crear todo un vocabulario visual.

Para utilizar el teclado emoji, fíjate en que hay categorías en la parte inferior (y que el icono del globo terráqueo en el extremo izquierdo te devolverá al mundo del lenguaje). Dentro de esas categorías, hay varias pantallas de pictogramas para elegir. Muchos de los emojis humanos incluyen variaciones multiculturales. Basta con mantenerlos pulsados para revelar otras opciones.

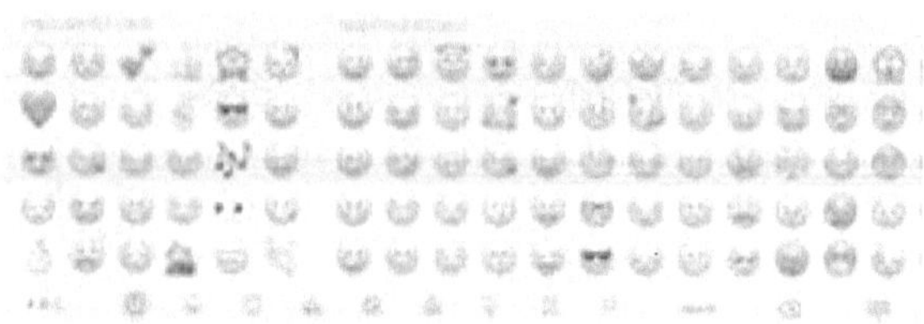

MECANOGRAFÍA MULTILINGÜE

La mayoría de la gente ya está preparada. Saben todo lo que necesitan saber sobre cómo escribir en el iPad y están listos para lanzar emojis a sus amigos. Hay algunas otras características que se aplican a algunas personas (no a todas)

Una de estas funciones es la escritura multilingüe. Es para las personas que escriben en varios idiomas a la vez. Así, si escribes entre español e inglés, no verás continuamente un mensaje diciendo que tu ortografía es incorrecta.

Si eso te suena a ti, entonces sólo necesitas habilitar otro diccionario, lo cual es sencillo. Ve a Ajustes > General > Diccionario.

Configuración de teclados internacionales

Si escribes en un idioma diferente con bastante frecuencia, es posible que desees configurar teclados internacionales. Para configurar teclados internacionales, visita Ajustes > General > Teclado > Teclados. A continuación, puedes añadir un teclado internacional adecuado pulsando Añadir nuevo teclado. Por ejemplo, el iPad mini es muy compatible con la introducción de texto en chino: puedes elegir entre pinyin, trazo, zhuyin y escritura a mano, en la que tú mismo esbozas el carácter.

Cuando actives otro teclado, la tecla del emoji sonriente cambiará a un icono de globo terráqueo. Para utilizar teclados internacionales, pulsa la tecla del globo terráqueo para desplazarte por las opciones de teclado.

Tu iPad mini está repleto de prestaciones que te ayudarán a evitar errores, como la función de autocorrección de Apple, que evita las erratas más comunes. En iOS 8, Apple introdujo una función de texto predictivo que predice qué palabras es más probable que escribas, y su precisión es aún mayor en el nuevo iPadOS.

Aparecen tres opciones justo encima del teclado: la entrada tal y como se ha escrito, más dos suposiciones. El texto predictivo también se adapta al contexto. Aprende tus patrones de habla cuando envías un correo a tu jefe o un mensaje a tu mejor amigo, y te ofrece sugerencias adecuadas en función de a quién estés enviando el mensaje. Por supuesto, si te molesta, puedes desactivarlo visitando Ajustes > General > Teclados y desactivando el texto predictivo deslizando el control deslizante verde hacia la izquierda.

[3]

CONCEPTOS BÁSICOS

BIENVENIDO A CASA

Hay algo que ha permanecido prácticamente igual desde el lanzamiento del primer iPad: La pantalla de inicio. El aspecto ha evolucionado (y el dock de la parte inferior ha cambiado un poco), pero el diseño no. Todo lo que necesitas saber sobre ella es que es la pantalla principal. Así que, cuando me leas decir "ve a la pantalla de inicio", esta es la pantalla a la que me refiero. ¿Entiendes?

EL MUELLE

El dock es la parte inferior de la pantalla de inicio.

Aquí es donde puedes "anclar" las aplicaciones que más te gustan y utilizas. Si has usado un iPad o iPhone antiguo, seguro que ya lo conoces. Pero este dock es un poco diferente.

Fíjate en la captura de pantalla anterior. Ahora mira a la derecha. ¿Ves esa línea? Si no, mira la de abajo:

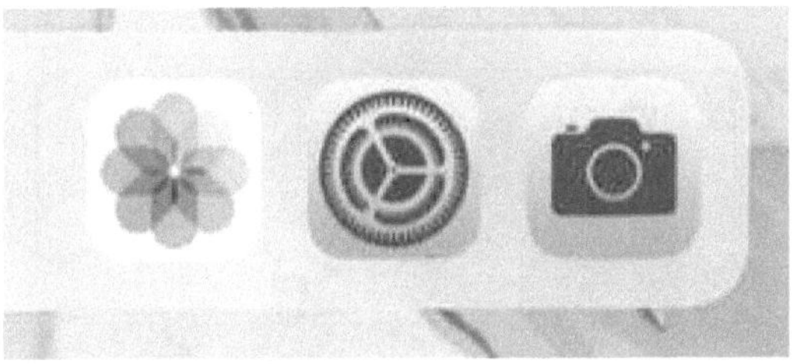

Las aplicaciones a la derecha de esa línea no las has puesto tú. Son las tres últimas aplicaciones que has usado. Así que siempre estarán cambiando. Te ayuda a realizar multitareas mucho más rápido.

Biblioteca de aplicaciones

Si has utilizado tu iPad o iPhone durante el tiempo suficiente, es probable que en algún momento hayas tenido un problema de organización. Es fácil enamorarse de las aplicaciones y, al poco tiempo, tener docenas -si no cientos- de ellas.

Eso está muy bien... ¡hasta que tienes que encontrarlas! El iPad lo soluciona con App Library. App Library te permite ocultar los iconos de las aplicaciones que no usas tan a menudo. Siguen instaladas, pero no abarrotan tus pantallas.

La App Library se encuentra deslizando el dedo hacia la izquierda hasta llegar a la última pantalla. Los iconos están agrupados para ayudarte a encontrarlos más fácilmente, pero también puedes buscarlos en la barra de búsqueda. Además, recuerda que aquí están todas tus aplicaciones, incluso las que no has ocultado.

También hay un icono de la biblioteca de aplicaciones en el Dock. Tócalo y se expandirá a todas tus aplicaciones.

Todo esto está muy bien, pero ¿cómo se ocultan realmente las aplicaciones? No es muy diferente de borrar aplicaciones. En primer lugar, mantén pulsada la pantalla hasta que aparezca un signo menos en los iconos (pista: esto sólo se aplica a los iconos que NO están en el Dock; los que están en el Dock sólo se eliminarán del Dock si lo pulsas).

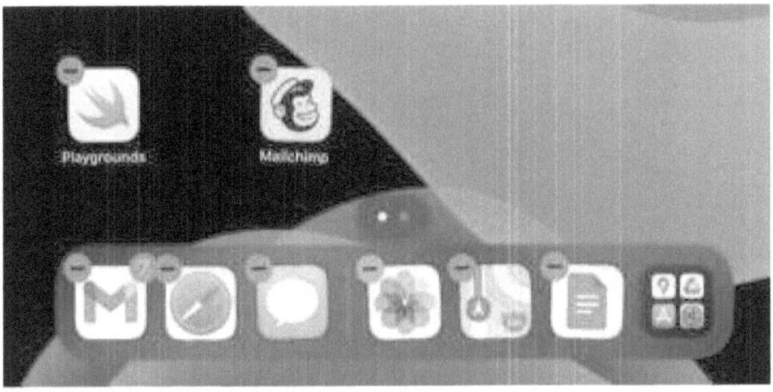

Cuando pulses la aplicación, se te preguntará si quieres "Eliminar aplicación" o "Eliminar de la pantalla de inicio". Lo mejor es "Eliminar de la pantalla de inicio", ya que al eliminar la aplicación, ésta desaparece por completo del dispositivo. Una vez que lo hagas, ¡se habrá ido! Ahora reside en la biblioteca de aplicaciones. Para recuperarla, ve a la Biblioteca de aplicaciones y arrástrala de nuevo fuera.

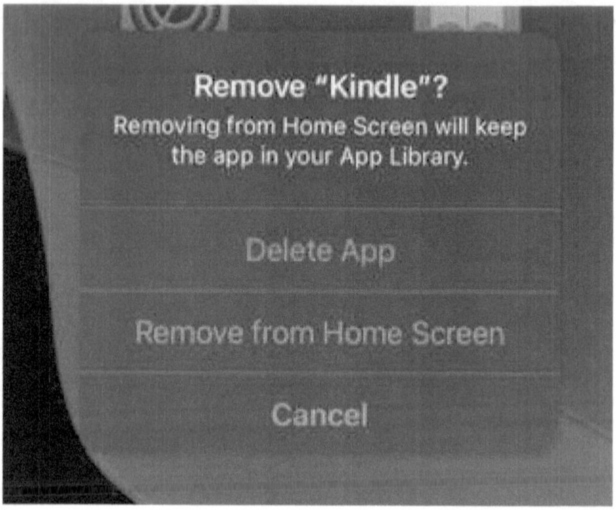

Si quieres ocultar rápidamente una pantalla entera, mantén pulsada la pantalla y, a continuación, pulsa los dos puntos situados cerca de la parte inferior.

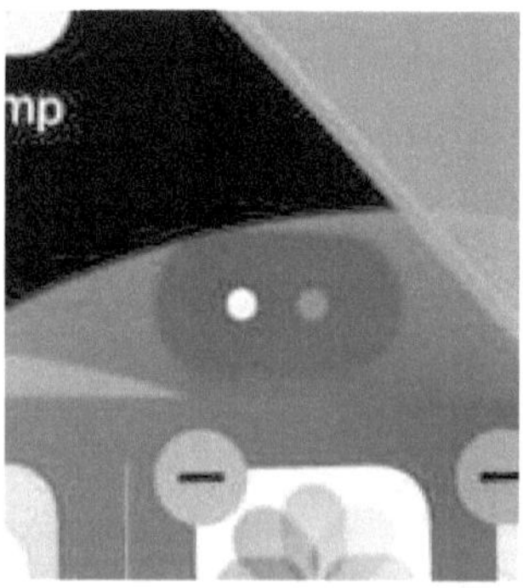

Puede desmarcar cualquier pantalla que desee ocultar, pero debe mantener una pantalla sin ocultar.

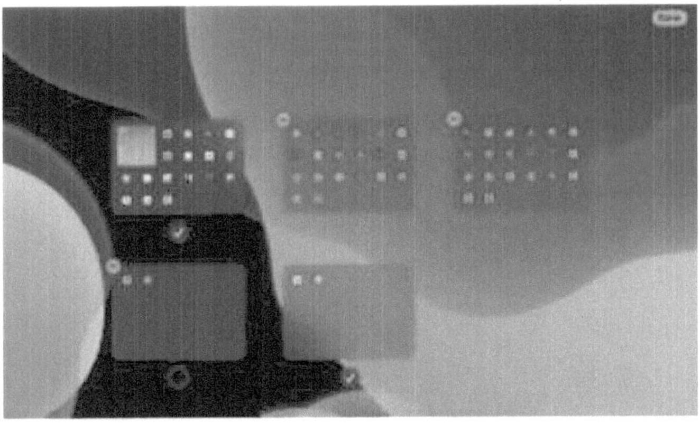

También puede eliminar toda la página, lo que colocará todas las aplicaciones en la App Library.

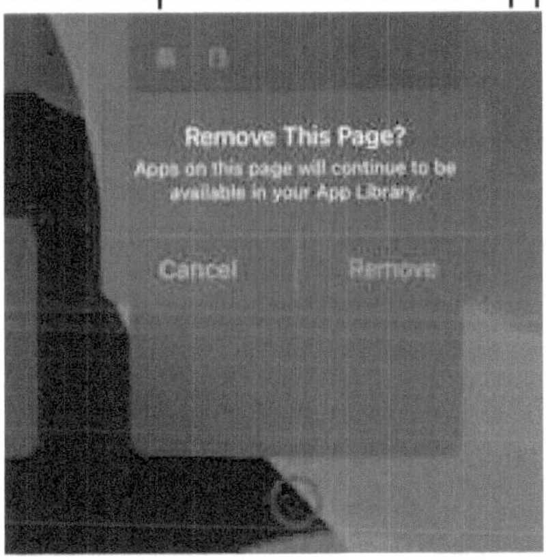

PANTALLA DE BLOQUEO

En algún momento probablemente querrás cambiar la pantalla de bloqueo para hacerla más personal. Es muy sencillo de hacer, y hay un montón de opciones y personalizaciones.

Comience tocando y holing en la pantalla de bloqueo. Eso va a traer una opción que se parece a la de abajo. Toque el + grande.

A continuación, verás todo tipo de variantes de pantallas de bloqueo: desde las preconstruidas hasta las personalizadas con fotos.

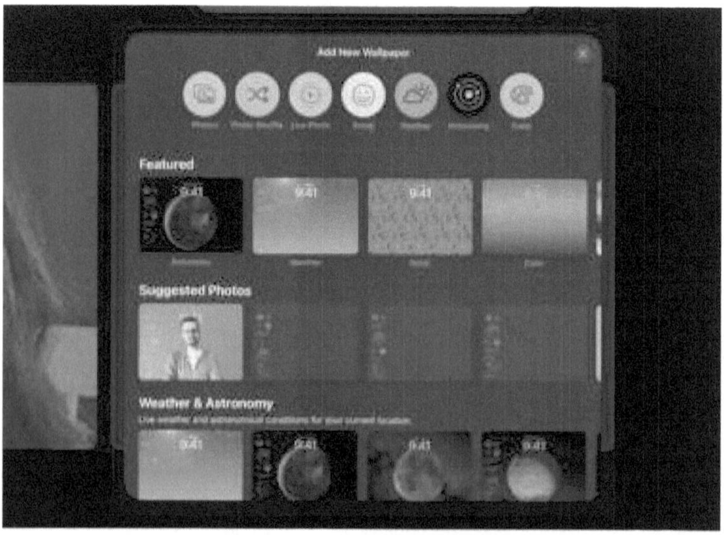

Una vez que encuentres el que quieres, podrás añadirle widgets.

Toca dentro de cualquiera de los recuadros de widgets y verás un montón de opciones diferentes entre las que elegir.

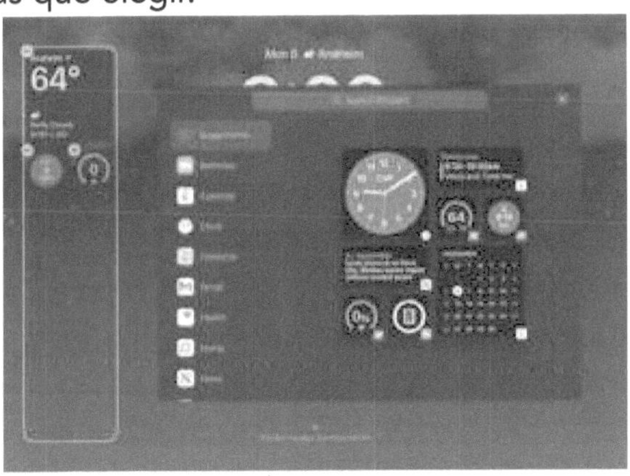

También puedes tocar dentro de Hora para cambiar el estilo de cómo se muestra.

Cuando esté satisfecho con todos los cambios, pulse Añadir.

Hacer llamadas

Tu iPad mini es un gran teléfono.

¡Has leído bien! Además de miles de otras cosas, tu iPad mini puede hacer llamadas telefónicas. Lo hace de dos maneras:

Por Wi-Fi con FaceTime Audio

Con tu iPhone

Hay varias formas de hacer llamadas:

- Si estás en una página web o en un mapa y hay un número de teléfono con un hipervínculo, puedes tocarlo y marcará el número. Nota: para hacer esto, tienes que tener un iPhone conectado a tu iPad mini. La llamada procederá del número de teléfono de tu iPhone.

- Si alguien te envía un iMessage en tu iPad (hablaremos de iMessage más adelante en este capítulo), puedes tocar ese nombre y tocar FaceTime Audio; la llamada se realizará utilizando FaceTime Audio.

- La aplicación Contactos tiene una lista de todos tus contactos (¡de ahí el nombre de la aplicación!); cualquier contacto que tenga un iPhone vinculado al correo electrónico dado tendrá una opción FaceTime o, si tu iPhone está conectado a tu iPad mini, una opción para llamarles directamente.

Recibir una llamada es bastante intuitivo. Si tu iPad mini está conectado a tu iPhone y el teléfono está dentro del alcance del iPad mini, la llamada también llegará a tu iPad mini. Desliza el dedo para responder. Y ya está.

FaceTime

¿Cómo mantener unidas a las personas cuando están separadas? Esto es algo en lo que Apple ha pensado profundamente. FaceTime en el iPad tiene mejor pinta que nunca.

Para empezar, abre la aplicación FaceTime; tienes dos opciones: Crear enlace o Nueva llamada FaceTime.

El botón Crear enlace te proporcionará un enlace que podrás compartir con otras personas. Lo bueno de esto es que se puede compartir con personas que no tienen iPhones, por lo que pueden abrirlo dentro de Chrome en un ordenador con Windows.

Si prefieres llamar a alguien directamente, toca el botón verde Nuevo FaceTime y escribe su nombre.

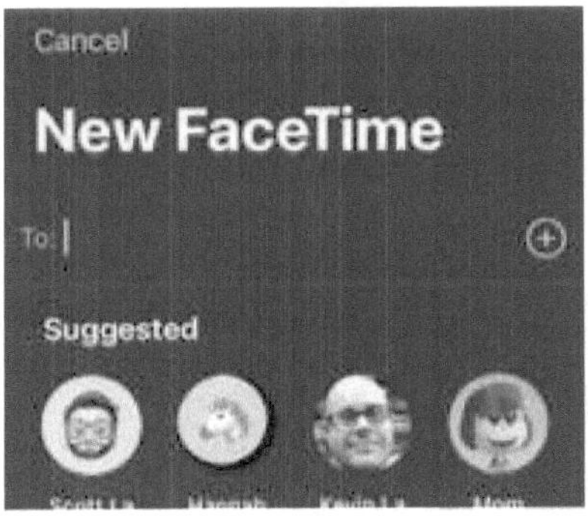

El cuadro de vista previa se encuentra en la esquina inferior, pero se puede mover a cualquier parte de la pantalla manteniendo pulsado sobre él y arrastrándolo.

Si amplías este cuadro de vista previa, tienes varias opciones. En la esquina superior izquierda, tienes un pequeño icono de imagen que hace que tu fondo se vea borroso o no. El de abajo a la derecha hará que tu cámara pase de estar de frente a estar de espaldas. El icono de la parte inferior central activa o desactiva la función "Center Stage", que te sigue cuando te mueves, de modo que si te mueves un poco, la cámara se desplaza para seguirte. La esquina inferior izquierda muestra los efectos que puedes añadir.

Los efectos pueden desplazarse pulsando y manteniendo pulsado o ampliarse pellizcando sobre ellos.

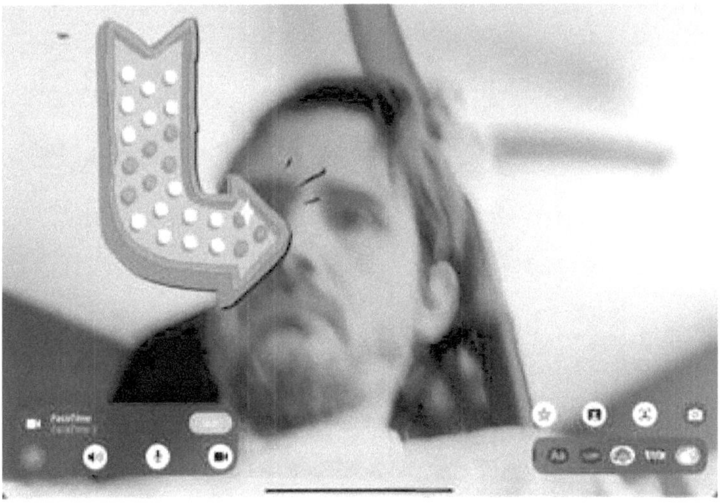

Cuando toques la pantalla, también tendrás un recuadro flotante con más controles. Si aún no has iniciado la llamada, por ejemplo si alguien te llama por FaceTime, tienes que aceptarla y pulsar el botón Unirse; si ya estás en la llamada, este botón se convierte en un botón para colgar. De izquierda a derecha, los otros botones son Mensajes para enviar un mensaje a todos los que están en la llamada, Altavoz si quieres transferir el sonido a algo como un HomePod, Micrófono si quieres apagar tu micrófono para que no puedan oírte, y Cámara, que es donde vas para apagar tu vídeo: pueden oírte pero no verte.

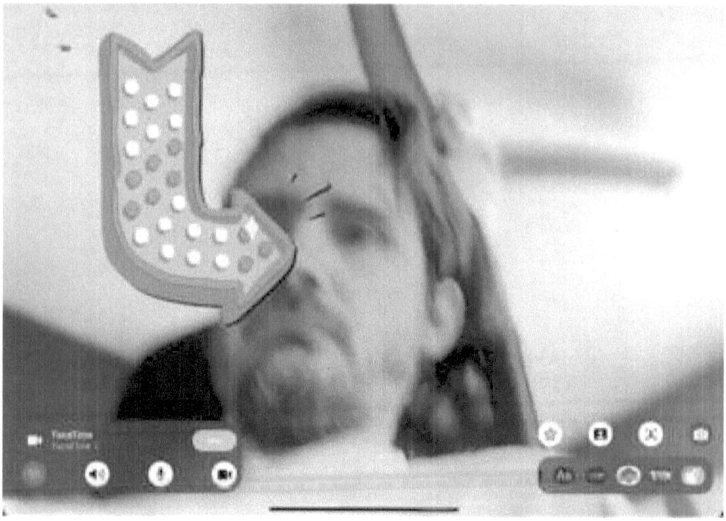

Hay una aplicación para eso

App es la abreviatura de aplicación. Así que, cuando oigas la expresión "Hay una aplicación para eso", sólo significa que hay un programa que hace lo que tú quieres hacer. Si eres usuario de Windows, todas esas cosas que siempre tienes abiertas (como Word y Excel) son aplicaciones. Apple tiene literalmente millones de apps. Abrir una app es tan sencillo como tocarla.

A diferencia de las aplicaciones de un ordenador, en el iPad no tienes que cerrarlas. Todo es automático. La mayoría de las aplicaciones recuerdan dónde estabas, así que cuando vuelves a abrirlas, ya están guardadas.

Aplicaciones de organización

Si eres como yo (y como la mayoría de la gente), te encantan las aplicaciones y tienes muchas. Así que necesitarás saber cómo moverlas, ponerlas en carpetas y eliminarlas. Es muy fácil.

Puede que la pantalla de inicio sea la primera que veas, pero si deslizas el dedo hacia la derecha, verás que hay más. Personalmente, guardo las aplicaciones más usadas en la primera pantalla, y las que no, en carpetas en la segunda. El dock inferior es donde pongo las aplicaciones que uso todo el tiempo (como Mail y Safari).

Para reorganizar las aplicaciones, toca con el dedo una de ellas y mantenlo pulsado hasta que el icono se mueva. Cuando las aplicaciones se mueven así, puedes tocarlas sin abrirlas y arrastrarlas por la pantalla. ¡Pruébalo! Toca una aplicación y arrastra el dedo para moverla. Cuando encuentres el lugar perfecto, levanta el dedo y la aplicación caerá en su sitio. Cuando hayas descargado más aplicaciones, también podrás arrastrarlas por las pantallas de inicio.

Puedes eliminar una aplicación utilizando el mismo método para moverlas. La única diferencia es que en lugar de moverlas, toca la "x" en la esquina superior izquierda del icono. No te preocupes por borrar algo por accidente. Las aplicaciones se almacenan en la Nube. Puedes borrarlas e instalarlas tantas veces como quieras; no tienes que volver a pagar, sólo tienes que descargarlas de nuevo.

Colocar las aplicaciones en diferentes pantallas es útil, pero para estar realmente organizado es mejor utilizar carpetas. Puedes, por ejemplo, tener una carpeta para todas tus aplicaciones de juegos, financieras, sociales, lo que quieras. Tú eliges el nombre. Si quieres una carpeta "Aplicaciones que uso en el baño", ¡puedes tenerla!

Para crear una carpeta, sólo tienes que arrastrar una aplicación sobre otra que quieras añadir a esa carpeta.

Una vez que estén juntas, puedes darle un nombre a la carpeta. Para eliminar la carpeta, basta con poner las aplicaciones de la carpeta en "modo sacudir" y arrastrarlas fuera de la carpeta. El iPad mini no permite carpetas vacías: cuando una carpeta está vacía, el iPad mini la elimina automáticamente.

Mensajería

Cada vez más usuarios de tabletas se mantienen conectados a través de mensajes de texto en lugar de llamadas telefónicas, y el iPad mini hace que sea fácil mantenerse en contacto con todo el mundo. También puedes usar iMessage para interactuar con otros usuarios de Apple. Esta función te permite enviar mensajes instantáneos a cualquiera que haya iniciado sesión en un Mac con OS X Mountain Lion o superior, o en cualquier dispositivo iOS con iOS 5 o superior. iMessage para iPadOS se ha modificado por completo para que todo sea un poco más... animado.

En la pantalla principal de Mensajes podrás ver las diferentes conversaciones que tienes en curso. También puedes eliminar conversaciones deslizando el dedo de derecha a izquierda sobre la conversación que desees y pulsando el botón rojo Eliminar. Las conversaciones nuevas o las conversaciones existentes con mensajes nuevos se resaltarán con un gran punto azul junto a ellas, y el icono de Mensajes tendrá una insignia que mostrará el número de mensajes no leídos que tienes, de forma similar a los iconos de Mail y iPhone.

Para crear un mensaje, pulse el icono Mensajes y, a continuación, en el botón Redactar en la esquina superior derecha.

Cuando aparezca el cuadro de diálogo de mensaje nuevo, haz clic en el botón de signo más (+) para elegir de tu lista de contactos, o simplemente escribe el número de teléfono de la persona a la que deseas enviar el mensaje. Para los mensajes de grupo, sigue añadiendo tantas personas como quieras. Por último, haz clic en el campo inferior para empezar a escribir el mensaje.

iMessage ha añadido un montón de nuevas funciones en los últimos años. Si lo único que quieres es enviar un mensaje, solo tienes que pulsar la flecha azul hacia arriba.

Pero puedes hacer mucho más que enviar un mensaje. (Ten en cuenta que si envías un mensaje con nuevas funciones a alguien con un sistema operativo más antiguo o un dispositivo que no sea Apple, no se verá como aparece en tu pantalla).

En la parte superior de esta pantalla, también verás dos pestañas; una dice "Burbuja" y la otra "Pantalla"; si pulsas Pantalla podrás añadir animaciones a toda la pantalla. Desliza el dedo a derecha e izquierda para ver cada nueva animación.

Cuando recibas un mensaje que te guste y quieras responder a él, puedes mantener pulsado el dedo sobre el mensaje o la imagen; aparecerán diferentes formas de reaccionar.

Una vez que hayas hecho tu elección, la persona que te reciba verá cómo has respondido.

Si quieres añadir una animación, una foto, un vídeo o muchas otras cosas, vamos a ver las opciones que aparecen junto al mensaje.

Tienes tres opciones que te ofrecen aún más opciones. La primera es la cámara, que te permite enviar fotos con tu mensaje (o hacer fotos nuevas, aunque no se guardarán en tu iPad mini), la siguiente te permite usar apps de iMessage (más sobre esto en un segundo), y la última te permite grabar un mensaje con tu voz.

Veamos primero la opción de la cámara.

Si quieres hacer una foto original, toca el botón redondo de la parte inferior. Para añadir efectos, toca la estrella de la esquina inferior izquierda.

Al tocar Efectos, aparecen todos los efectos disponibles. Pronto hablaré más sobre Animoji, pero a modo de ejemplo, esta aplicación te permite poner un Animoji sobre tu cara (mira el ejemplo de abajo, nada mal para una foto de autor, ¿eh?).

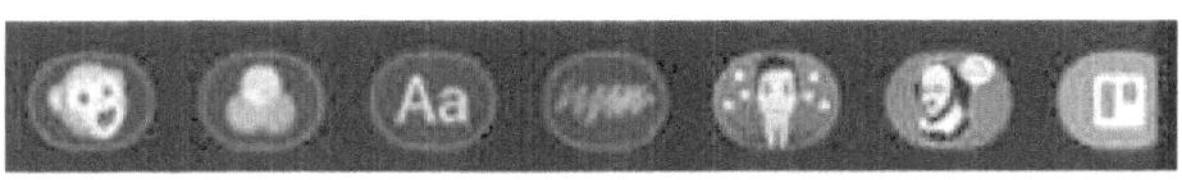

Finalmente, la última opción son las aplicaciones. Ya deberías saberlo todo sobre las apps del iPad mini, pero ahora hay un nuevo conjunto de apps llamadas iMessage de iMessage. Estas aplicaciones te permiten ser a la vez tonto (enviar pegatinas digitales) y serio (enviar dinero en efectivo a alguien a través de texto). Para empezar, toca el botón "+" para abrir la App Store de iMessage. Store.

Puedes navegar por todas las aplicaciones como lo harías en la App Store normal. La instalación de también es igual.

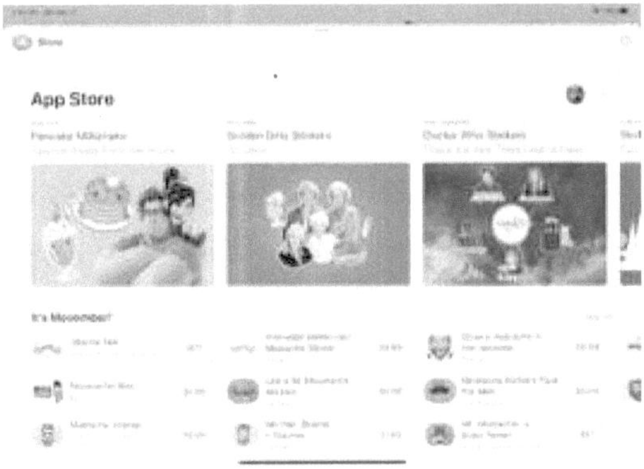

Cuando estés listo para usar la aplicación, sólo tienes que tocar Aplicaciones, tocar la aplicación que quieras cargar y tocar lo que quieras enviar. También puedes arrastrar stickers sobre los mensajes. Solo tienes que tocar, mantener pulsado y arrastrar.

Además, en la sección de aplicaciones hay un botón llamado #images.

Si pulsas este botón podrás buscar miles de memes humorísticos y GIF animados. Solo tienes que pulsarlo y buscar el término que quieras encontrar, como "Dinero" o "Pelea".

Una última función de iMessage que merece la pena probar es la nota manuscrita personal. Pulsa sobre un nuevo mensaje como si fueras a empezar a escribirlo; ahora gira la tableta horizontalmente. Aparecerá una opción para crear una nota manuscrita con el dedo. Firma y pulsa "Listo" cuando hayas terminado.

Etiquetado de mensajes

Si has utilizado programas de mensajería como Slack, probablemente estés familiarizado con la función de etiquetar a alguien en una conversación. Etiquetar llama la atención de la persona e inicia un nuevo hilo dentro de la conversación.

Así que si estás en un gran intercambio de mensajes de texto, cuando etiquetas a alguien, todo el mundo puede leerlo, pero no se notifica a todo el mundo. Así es un poco menos discreto.

Para etiquetar a alguien en una conversación, basta con poner una @ delante de su nombre cuando respondas.

Si quieres responder en línea a un mensaje, mantén pulsado el mensaje. Por "en línea" me refiero a lo siguiente: digamos que hay un mensaje varios textos más arriba, puedes pulsar prolongadamente para responder a él, de modo que sepan a qué mensaje te estás refiriendo.

Una vez que pulses Responder, sólo tienes que responder como lo harías normalmente.

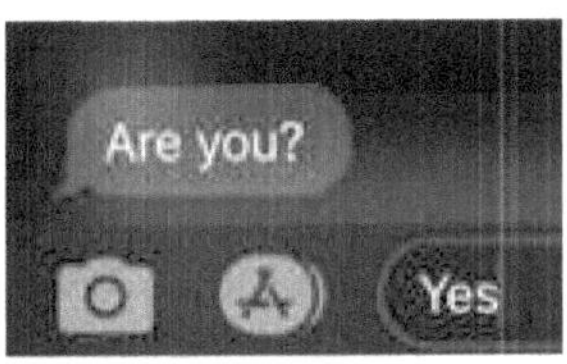

Esto alertará a la persona y verá el mensaje con una notificación de respuesta debajo del mensaje.

Si está varios textos por encima, también lo verán como el mensaje de abajo.

Desenviar mensajes

Seamos sinceros: todos hemos enviado mensajes de texto de los que nos hemos arrepentido. Puedes anular o editar esos mensajes. Solo tienes que mantener pulsado el mensaje (tienes que hacerlo relativamente rápido; si pasa demasiado tiempo, la opción desaparece) y, a continuación, seleccionar Deshacer envío o Editar.

Si crees que esto te sacará de la caseta del perro y podrás decir "¡Yo nunca dije eso!". Piénsalo otra vez. La persona al otro lado del mensaje verá que el mensaje no ha sido enviado o ha sido editado.

Fijar mensajes

Si envías muchos mensajes de texto, responder puede resultar un poco engorroso. El funcionamiento de Mensajes es que las conversaciones más recientes aparecen en la parte superior. Esto funciona bien en la mayoría de los casos, pero también puedes anclar los favoritos a la parte superior.

En el ejemplo siguiente, mi mujer aparece en la parte superior de las conversaciones. Aunque otras personas me hayan escrito más recientemente, ella siempre estará ahí arriba (a menos que la elimine). Así es más fácil responder.

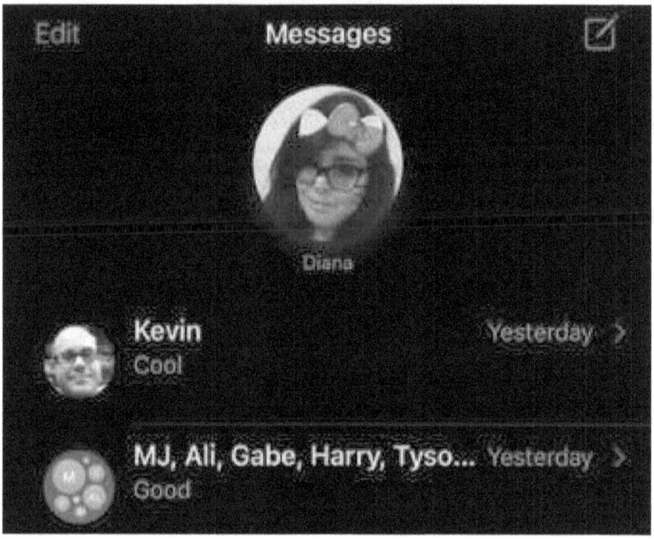

Para añadir o eliminar a alguien de la parte superior, toca el botón Editar en la esquina superior izquierda y, a continuación, selecciona Editar pines (o desliza el dedo hacia la derecha sobre su mensaje).

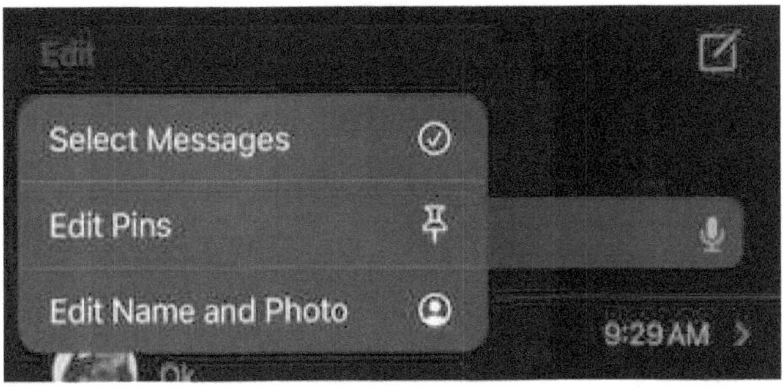

Si quieres eliminarlos, toca el icono con el signo menos que aparece encima de su foto (en la esquina superior izquierda); si quieres añadirlos, toca el icono del pin amarillo.

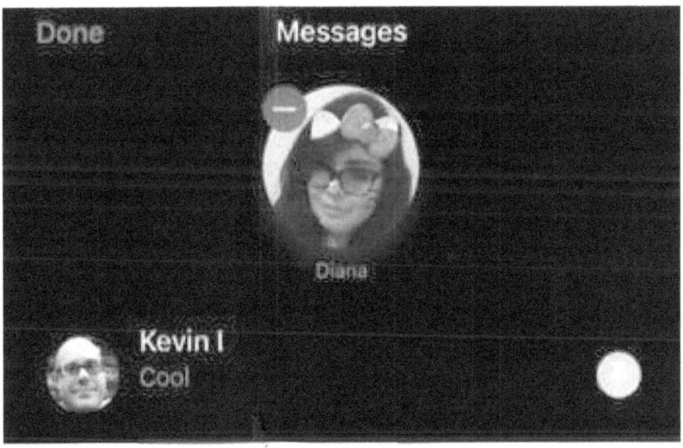

Puedes tener a varias personas ancladas en la parte superior. Personalmente, creo que tres está bien, pero puedes añadir incluso más.

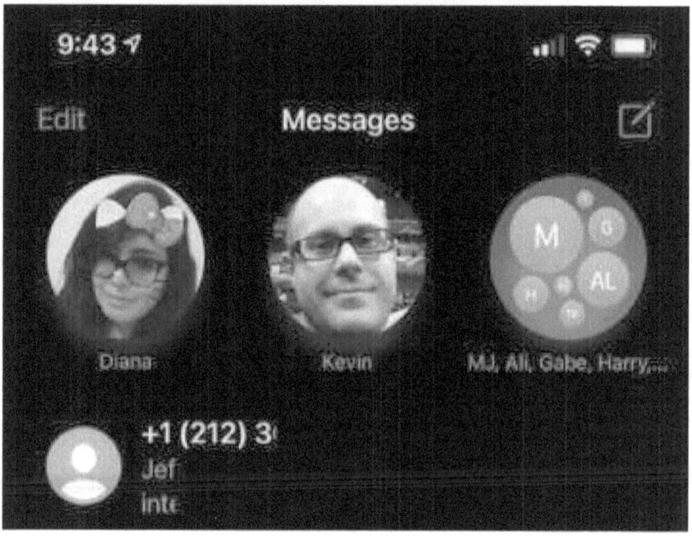

FOTOS EN LOS MENSAJES

Los mensajes organizarán las fotos enviadas en grupos de dos o tres en vertical.

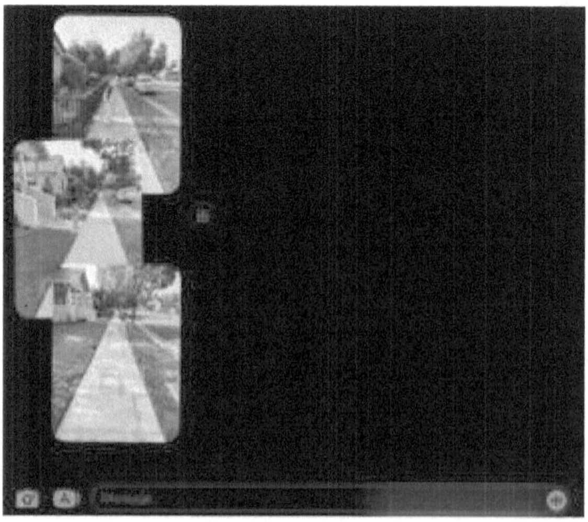

Si envías más de tres fotos a la vez, se apilarán y podrás alternar entre ellas deslizando el dedo sobre la foto hacia la izquierda o la derecha.

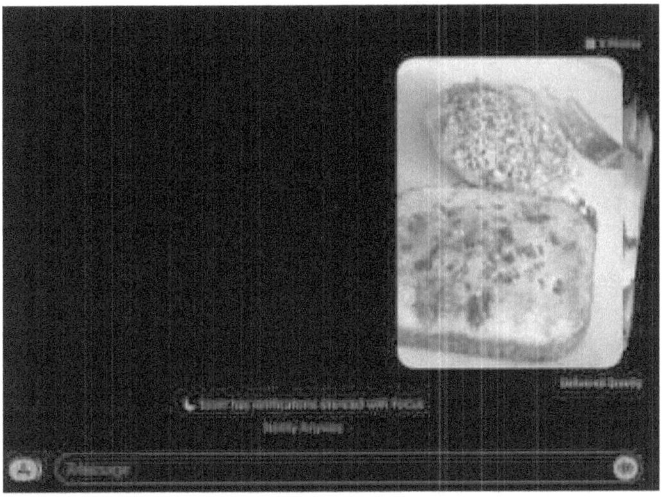

Localización y más

El pequeño botón + situado junto al cuadro de mensaje mostrará todas las opciones de mensaje. Si quieres compartir tu ubicación con alguien, por ejemplo, solo tienes que pulsar Ubicación.

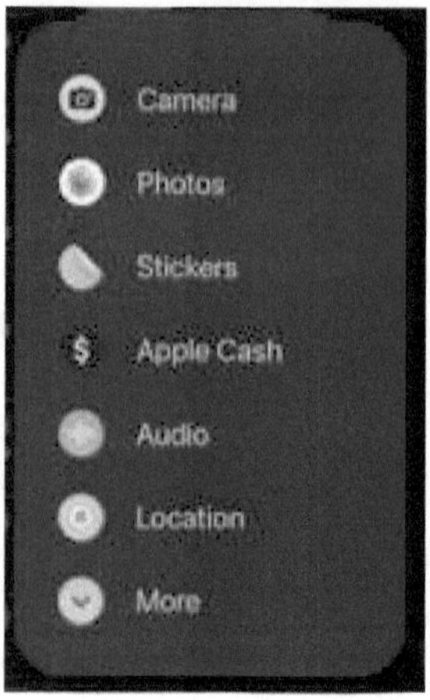

PEGATINAS

¿Te has fijado en la opción de pegatinas de la imagen de arriba? Son geniales. Puedes usar tus fotos para crear pegatinas personalizadas.

Para empezar, abre cualquier foto. Mantén pulsado sobre la foto de la que quieras crear una pegatina. En el ejemplo siguiente, crearé uno de mi perro. ¿Notas cómo resalta automáticamente el sujeto de la foto? A continuación, toca la opción Añadir adhesivo.

Desde aquí, puedes no hacer nada, o puedes tocar Añadir Efecto.

Añadir efecto te permite poner un borde u otro efecto en tu pegatina.

Ahora puedes volver a los mensajes y pulsar el botón + situado junto al cuadro de mensaje; puedes arrastrar tu pegatina a un mensaje.

Búsqueda de mensajes

Buscar mensajes es bastante sencillo en el iPad. Sólo tienes que escribir lo que quieres encontrar. Lo que hace que sea una experiencia tan fluida es que agrupará los resultados. Así, todas las fotos, notas, mapas, etc. estarán juntos.

NOTIFICACIONES

Cuando tengas la tableta bloqueada, empezarás a ver notificaciones en algún momento; esto te dice cosas como "Tienes un nuevo correo electrónico", "No olvides poner la alarma", etc.

Así, cuando veas todas tus notificaciones en la pantalla de bloqueo, estarán organizadas por categorías. Para ver todas las notificaciones de cualquier categoría, solo tienes que tocarla.

¿No le gustan las agrupaciones? No hay problema. Puedes desactivarlo para cualquier aplicación. Ve a Ajustes, luego a Notificacionesy toca la aplicación para la que quieras desactivar la agrupación. En Agrupaciones de notificaciones, desactiva la opción automática.

Uso de AirDrop

AirDrop se introdujo en iOS 7, aunque los fans de Apple probablemente hayan utilizado la versión para Mac OS en MacBooks e iMacs. En Mac OSX Sierra y Yosemite, por fin podrás compartir entre iPadOS y tu Mac mediante AirDrop.

AirDrop es el servicio de intercambio de archivos de Apple, y viene de serie en los dispositivos iPadOS 16. Puedes activar AirDrop desde el icono Compartir en cualquier lugar de iPadOS 16. Si hay otros usuarios de AirDrop cerca, verás todo lo que compartan en AirDrop, y ellos podrán ver todo lo que tú compartas.

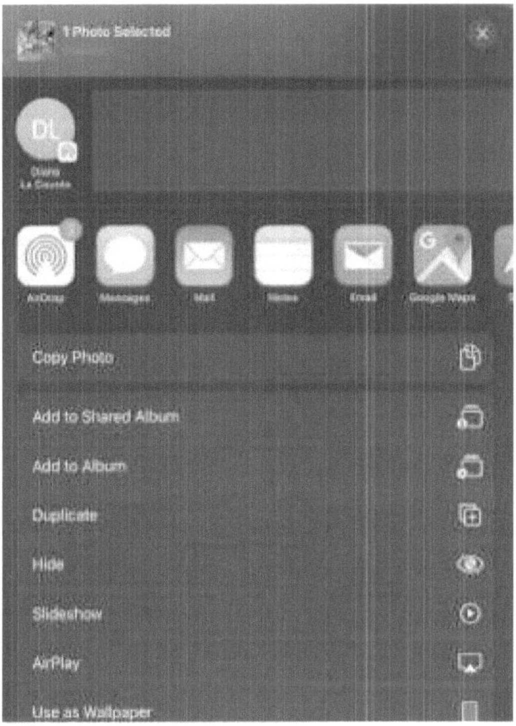

MULTITAREA

La multitarea es la capacidad de ejecutar más de dos aplicaciones al mismo tiempo.

Cuando tienes una sola aplicación en ejecución, ¿te fijas en esos tres puntos? Es tu menú multitarea. Está ahí tanto si utilizas la función como si no. Tócalo y se expandirá para mostrarte que puedes cambiar de multitarea a pantalla completa, tener dos aplicaciones una al lado de la otra, o tener una ventana multitarea deslizante (donde una aparece sobre la otra).

Cuando estés utilizando la multitarea y hagas clic en ese menú, observa lo que ocurre en la parte inferior: aparece una ventana de vista previa de la multitarea. Esto te permite alternar rápidamente entre las aplicaciones de la multitarea.

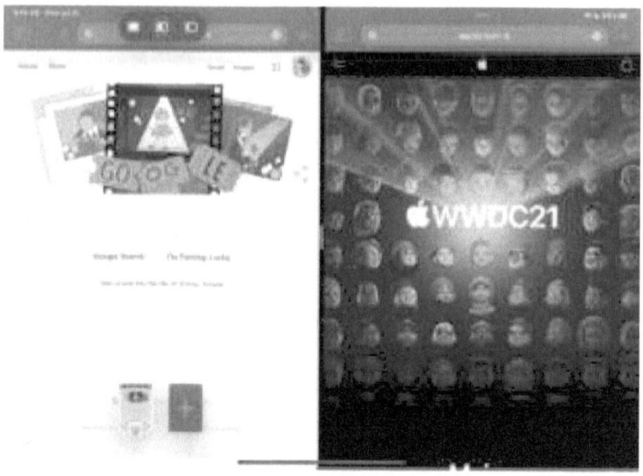

En el ejemplo siguiente, tengo dos ventanas multitarea entre las que puedo alternar. Si quiero añadir una nueva, pulso Nueva ventana.

Para cerrar ventanas, sólo tienes que deslizar el dedo hacia arriba sobre la miniatura que quieras cerrar.

Director de escena

El gestor de escenarios es una forma de realizar múltiples tareas entre aplicaciones. Normalmente tienes una aplicación abierta; cuando quieres pasar a la siguiente, tienes que salir de la aplicación, buscarla y abrirla.

Con Stage Manager activado, se parece a la imagen de abajo.

Las miniaturas te permiten alternar rápidamente entre las aplicaciones que tienes abiertas.

Ve al centro de control en la esquina superior derecha de tu pantalla para encenderlo.

Vuelve a pulsarlo para desactivarlo. Cuando vuelvas a pulsarlo, también te dará la opción de cómo quieres ordenar las aplicaciones.

También se puede utilizar en horizontal.

IMAGEN EN IMAGEN

Mientras se reproduce un vídeo (o durante una videollamada FaceTime), pulsa el botón Inicio y el vídeo se reducirá a una esquina de la pantalla. También puedes pellizcarlo con tres dedos para reducirlo.

Una vez encogido, puedes moverlo por la pantalla hasta cualquiera de las cuatro esquinas.

Si quieres cerrar el vídeo, toca la "x"; si quieres ampliarlo, toca el botón del extremo izquierdo; y si quieres reproducirlo dentro de otra aplicación, sólo tienes que abrir cualquier aplicación.

[4]

ALGO MÁS QUE BÁSICO

CORREO

El iPad mini te permite añadir varias direcciones de correo electrónico de prácticamente cualquier cliente de correo electrónico que se te ocurra. Yahoo, Gmail, AOL, Exchange, Hotmail y muchos más pueden añadirse a tu iPad mini para que puedas consultar tu correo electrónico estés donde estés. Para añadir una dirección de correo electrónico, haz clic en el icono de la app Ajustes y desplázate hasta la parte central, donde verás Correo, Contactos y Calendario. A continuación, verás los logotipos de los principales proveedores de correo electrónico, pero si tienes otro tipo de correo sólo tienes que pulsar en Otro y continuar.

Si no conoces la configuración de tu correo electrónico, tendrás que visitar la página de búsqueda de configuración de correo en el sitio web de Apple. Allí puedes escribir tu dirección de correo electrónico completa, y el sitio web te mostrará qué información escribir y dónde para que tu cuenta de correo electrónico funcione en la tableta. Los ajustes cambian con cada uno, así que lo que funciona para un proveedor puede no funcionar con otro. Una vez que hayas terminado de añadir todas las cuentas de correo electrónico que necesites, podrás hacer clic en el icono de la aplicación Correo en la pantalla de inicio de tu tableta y ver cada bandeja de entrada por separado, o todas a la vez.

Si utilizas la aplicación Mail de Apple, aquí tienes algunas funciones que te interesarán conocer.

Desenviar mensaje

Si has enviado un mensaje por error, puedes anular su envío... más o menos. La salvedad es que tienes que anular el envío en menos de diez segundos. Así que no se trata de deshacer ese horrible mensaje que enviaste a tu jefe la semana pasada y del que ahora te arrepientes. El objetivo es deshacer lo que enviaste por error, como si te hubieras olvidado de adjuntar algo.

Para utilizarla, toca el botón azul que aparece en la parte inferior de tu bandeja de entrada después de enviarla. ¿No lo ves? Desgraciadamente, eso significa que tu ventana ha pasado y es demasiado tarde. Si consigues hacerlo a tiempo, el correo electrónico volverá al estado de redacción.

Programar correo

Probablemente muchas veces quieras redactar un correo electrónico, pero no enviarlo inmediatamente. Cuando doy clases, por ejemplo, programo los correos electrónicos para que se envíen el día de la clase; así están listos y se activan automáticamente el día de la clase.

Para ello, redacta el correo electrónico como lo harías normalmente, pero en lugar de pulsar la flecha azul para enviarlo, manténla pulsada (es decir, mantenla pulsada); aparecerá una opción que te preguntará cuándo quieres enviarlo. Elige una opción y toca Listo.

Recordatorio por correo electrónico

Si desea que se le recuerde un correo electrónico en el transcurso de la semana, abra el correo y seleccione el botón Responder. Aparecerán varias opciones. Una de ellas es Recordármelo.

NAVEGAR POR INTERNET CON SAFARI

Ya has visto cómo funciona la barra de direcciones. Para buscar algo, se utiliza exactamente el mismo cuadro. Así es como puedes buscar cualquier cosa en Internet. Piensa que es como un buscador de Google, Bing o Yahoo! en la esquina de tu pantalla. De hecho, eso es exactamente lo que es. Porque cuando busques, utilizará uno de esos motores de búsqueda para encontrar resultados.

Si has usado Safari antes, probablemente te parecerá un poco diferente. En 2021, Apple le dio a Safari un lavado de cara para hacerlo aún más ingenioso. Es genial en el iPad, pero aún mejor cuando tienes todo un ecosistema de dispositivos.

Analicemos la anatomía del navegador y, a continuación, cómo funciona.

La barra de herramientas superior parece bastante vacía. Las apariencias engañan, porque hay mucho en ella. Empezando por el extremo izquierdo está el botón del menú lateral, que muestra las pestañas guardadas (más adelante hablaremos de ello), el modo de visualización privada, el historial y mucho más; en el centro puedes escribir o buscar el sitio web (el micrófono te permite decirlo en lugar de escribirlo) y, por último, el botón Más te permite abrir una nueva pestaña.

Las pestañas no parecen pestañas en el iPad. En el ejemplo siguiente, hay tres pestañas abiertas. La del medio es el sitio web abierto, las dos más pequeñas (Página de inicio y Amazon) son las pestañas abiertas, no activas.

Hay varias formas de cerrar una pestaña. Una es pulsar la X que aparece junto al nombre del sitio web (sólo en la pestaña activa); la otra es mantener pulsado el dedo sobre la pestaña y, a continuación, seleccionar pestaña; y la última es mantener pulsado el botón Más y, a continuación, seleccionar para cerrar la pestaña.

Si mantienes pulsado el botón Más, verás otras opciones. Una es Abrir nueva ventana, que abrirá una nueva ventana multitarea de Safari junto a la ventana actual, para que tengas dos navegadores abiertos al mismo tiempo. También existe la opción Nueva pestaña privada, que te permite buscar en Internet sin que se guarde el historial, lo que es ideal para comprar regalos si compartes dispositivo.

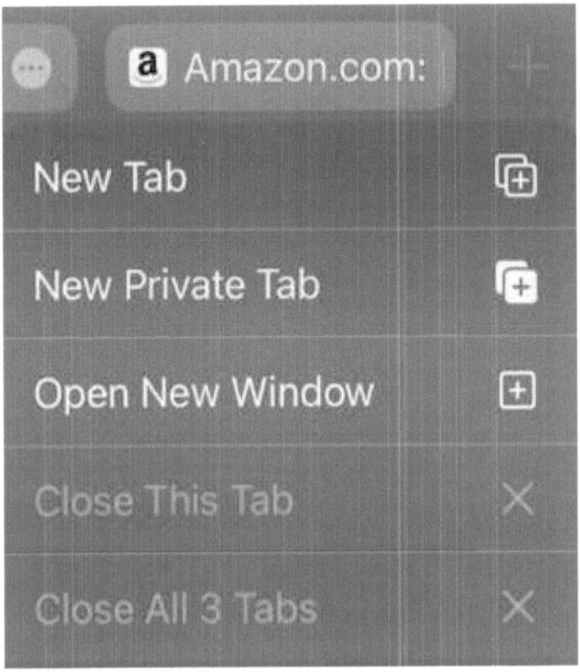

OPCIONES DEL SITIO WEB

Cuando hagas clic en los tres puntos de la página que estás visitando, aparecerán varias opciones más. Aquí es donde irás si quieres añadir la página a tus Marcadores o añadirla a tus Favoritos (los Favoritos aparecen cada vez que inicias Safari después de haberlo cerrado, es lo que se conoce como tu "Página de inicio"). También puedes compartir la página con alguien, cambiar el tamaño del texto y ver un Informe de privacidad. El Informe de privacidad muestra todos los rastreadores de una página, para que sepas qué información está recopilando una empresa sobre ti.

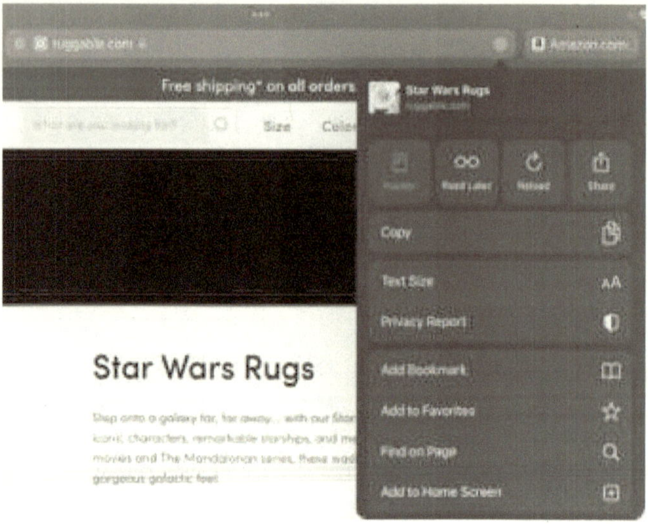

Opciones de menú

En el extremo izquierdo está la opción de abrir el panel de menús. El menú puede mostrarse mientras navegas, o puedes contraerlo una vez que encuentres lo que buscas.

Hay algunas cosas que puedes hacer aquí. La primera es Agrupar pestañas; hay muchas cosas que hacer en Agrupar pestañas, así que las repasaré en la siguiente sección. Página de inicio es tu página de inicio; Privado convierte tu navegador en una experiencia de navegación web privada donde tu historial web y tus contraseñas no se guardan.

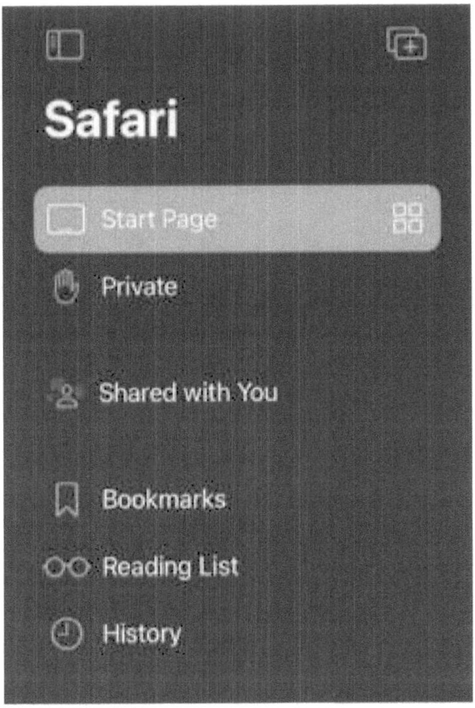

Compartido contigo

Compartidos contigo es donde verás las cosas que se han compartido recientemente. Por ejemplo: mi mujer y yo compartimos muchos enlaces de texto. Cuando ella envíe uno, aparecerá automáticamente aquí. De esta forma, no tengo que buscar entre docenas de mensajes para encontrar la página que ha mencionado, ya está guardada.

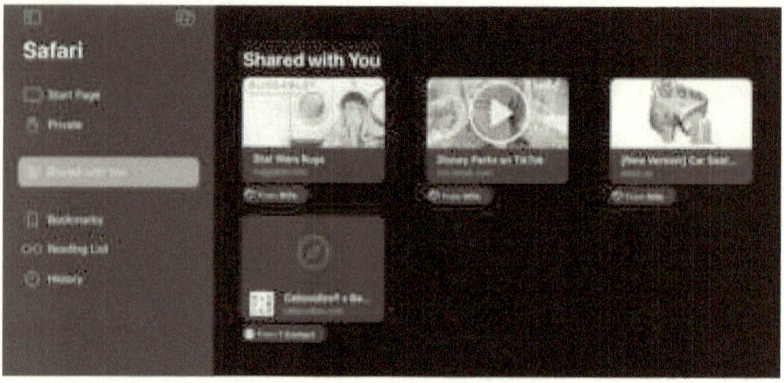

Si quieres eliminar el enlace, mantén pulsado el dedo sobre la vista previa de la página. Aparecerán varias opciones, una de las cuales es eliminar. También puedes utilizar las opciones para responder al mensaje, abrirlo en segundo plano o copiar el enlace.

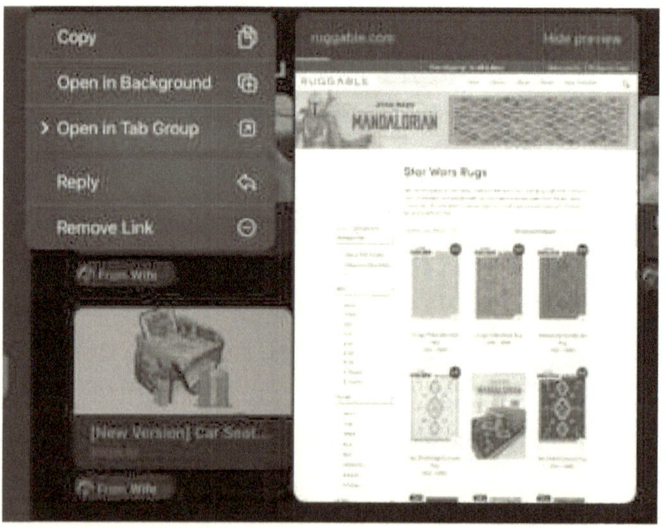

FAVORITOS DE SAFARI

Debajo de Compartidos Contigo están los Marcadores; los Marcadores son páginas que guardas porque acudes a ellas con regularidad. Cuando empiezas a tener muchos Marcadores, es una buena idea ponerlos en carpetas organizadas.

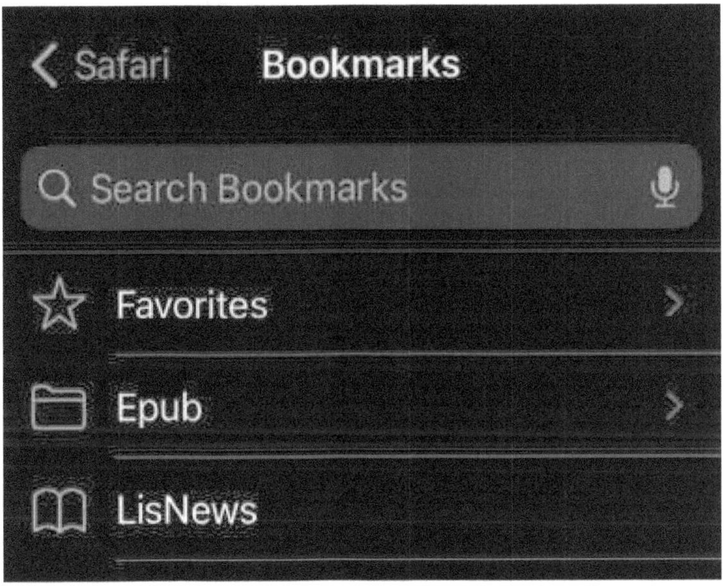

Para crear una carpeta, vaya al final de la página a Editar y seleccione Nueva carpeta. Cuando hayas seleccionado Editar, también puedes eliminar Marcadores y moverlos a carpetas.

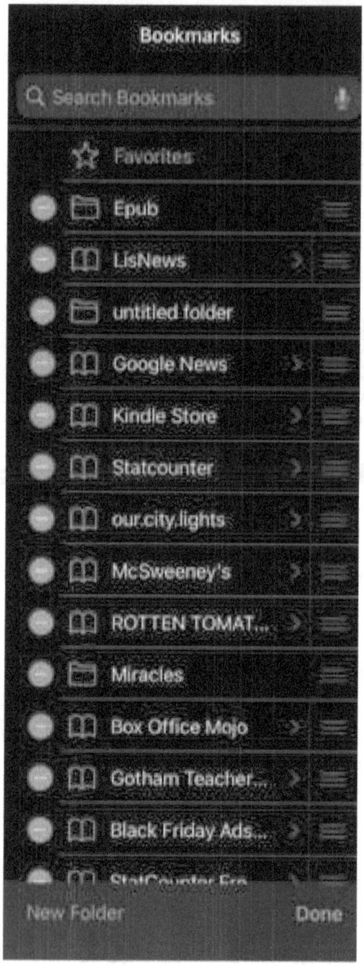

Puedes poner carpetas dentro de carpetas cuando las crees.

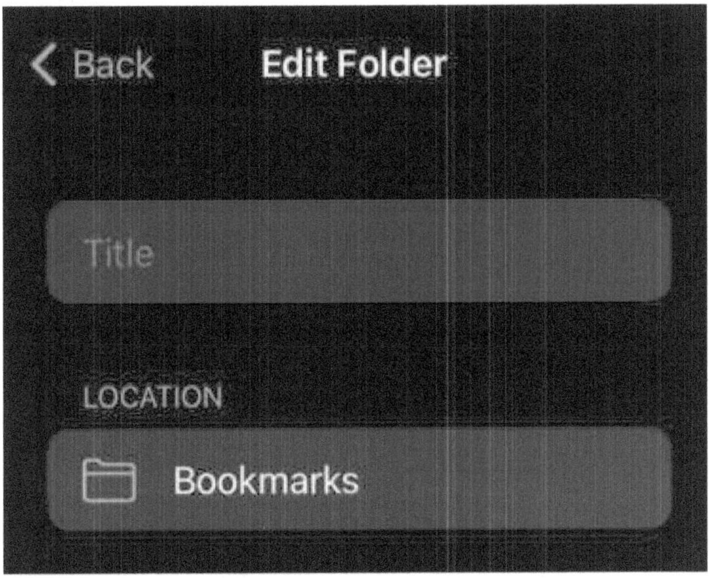

Historia de la Web

Si no utilizas el modo Privado, se guardará todo tu historial; esto es útil si alguna vez olvidas un sitio web al que has ido, pero sabes qué día lo visitaste. Si alguna vez quieres borrar tu historial, sólo tienes que pulsar la opción Borrar en la parte inferior de la página cuando estés viendo tu historial.

GRUPO DE PESTAÑAS

Las pestañas pueden ser tu mejor amigo. Tab Group es la evolución de este amigo. Los grupos de pestañas son una especie de combinación de marcadores y pestañas. Básicamente, guardas todas tus pestañas en un grupo. Así, por ejemplo, puedes tener un grupo llamado "Compras" y cuando haces clic en él, como por arte de magia, todos tus sitios web favoritos de compras se abren en pestañas.

Para empezar, abre todas las pestañas que quieras que estén en tu grupo, luego ve al menú de la izquierda y haz clic en el botón + del menú lateral y selecciona Nuevo grupo de pestañas vacías.

Escriba el nombre de su grupo. Recuerda ser descriptivo, para que sepas para qué sirve tu Grupo de pestañas.

Todas las pestañas se guardan ahora en su grupo; en el ejemplo siguiente, hay dos grupos de pestañas; cuando alterne entre ellos, se abrirán nuevas pestañas.

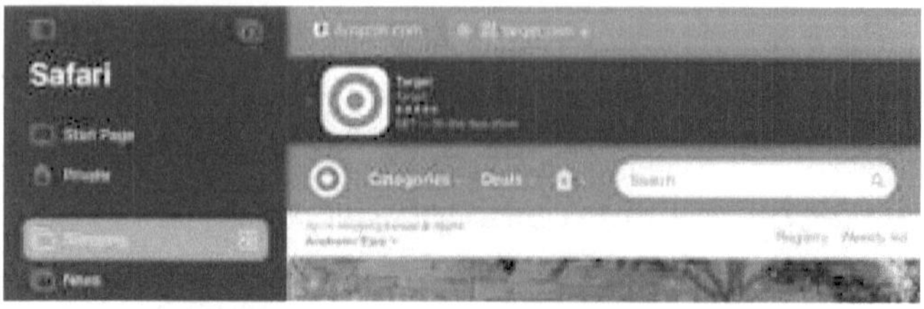

Puedes hacer cambios en tu grupo pulsando sobre él y manteniéndolo pulsado.

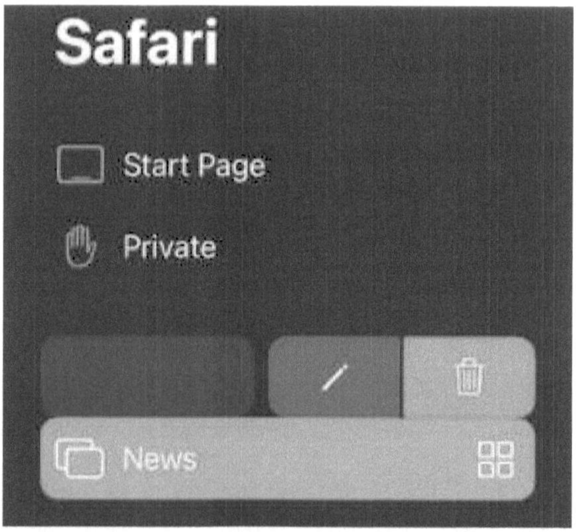

Si quieres que una nueva pestaña se muestre allí, sólo tienes que abrir la pestaña mientras estás en ese grupo y se guardará automáticamente en el grupo.

Establezca su correo electrónico predeterminado / Navegador web

Durante varios años, podías usar otros navegadores de Correo y Web en iOS, pero no podías establecerlo como predeterminado. Esto cambió en iOS 14... más o menos. Ahora puedes tener navegadores y clientes de correo alternativos por defecto, pero hay que actualizar la app.

Es responsabilidad de los desarrolladores (no de Apple) actualizar la app para que aproveche esta función; así que cuando intentes cambiarla siguiendo los pasos que se indican a continuación y no veas tu app preferida, probablemente se deba a que o bien no han actualizado la app todavía o bien tú no has actualizado la app todavía (ve a la App Store y asegúrate de que no hay una actualización de la aplicación).

Para cambiar tu aplicación preferida, ve a la aplicación Configuración. A continuación, ve a la aplicación que quieras que sea la predeterminada (en el ejemplo de abajo utilizo el navegador Chrome); después, toca Navegador predeterminado.

Por último, marca tu navegador preferido. Se guarda automáticamente.

iTunes

La aplicación iTunes que se encuentra en tu pantalla de inicio abre la mayor tienda de música digital del mundo. Podrás comprar y descargar no sólo música, sino también innumerables películas, programas de televisión, audiolibros y mucho más. TV, audiolibros y mucho más. En la página de inicio de iTunes también encontrarás una sección de novedades, colecciones de música y nuevos lanzamientos.

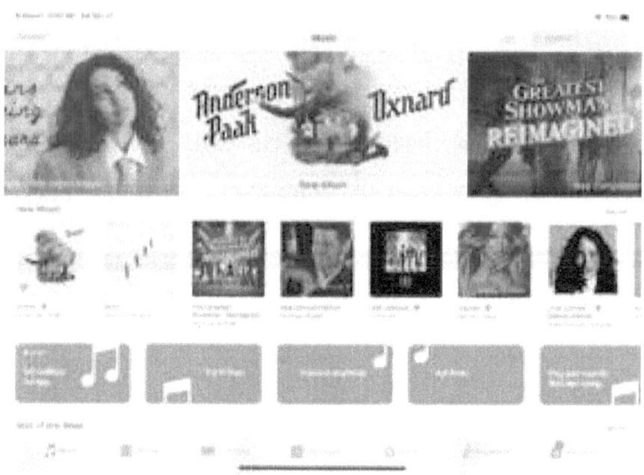

En la parte superior, verá la opción de ver los medios destacados o navegar por las listas principales. En la esquina superior izquierda está el botón Géneros. Al hacer clic en Géneros, aparecerán diferentes tipos de música que le ayudarán a afinar su búsqueda.

Alerta de función: Cuando buscas una letra en iTunes, ahora muestra los resultados.

Apple Music

Apple Music es un servicio relativamente nuevo de Apple que te permite escuchar en streaming toda la tienda iTunes y recibir listas de reproducción de expertos en música adaptadas a tus preferencias. Cuesta 9,99 dólares al mes, pero puedes aprovechar la prueba gratuita de tres meses para ver si este servicio es para ti antes de pagarlo. También ofrece descuentos en la suscripción para planes familiares y estudiantes universitarios.

Comprar aplicaciones

¿Cómo se compran, descargan y eliminan las aplicaciones? Lo veremos en esta sección.

Para comprar aplicaciones, y en realidad no me refiero a pagar por ellas porque puedes adquirir una aplicación gratuita sin pagar por ella, sigue los siguientes pasos:

Lo primero que ves al abrir el App Store son las aplicaciones destacadas. Es decir, juegos, ¡muchos, muchos juegos! Los juegos son la categoría más vendida en la App Store, pero no te preocupes, hay mucho más que juegos. Más adelante en este manual, te contaré algunas de las aplicaciones esenciales que deberías conseguir, pero por ahora, vamos a ver cómo funciona la App Store para que descubras algunas de ellas por ti mismo.

Si oyes hablar de una nueva aplicación y quieres echarle un vistazo, utiliza la opción Buscar.

Cuando encuentres una aplicación que quieras comprar, sólo tienes que pulsar el botón de precio e introducir tu contraseña del App Store del App Store. Recuerda que el hecho de que una aplicación sea gratuita no significa que no tengas que pagar algo por usarla. Muchas aplicaciones utilizan "compras dentro de la aplicación", lo que significa que tienes que comprar algo dentro de la aplicación. Sin embargo, recibirás una notificación antes de comprar nada.

Las aplicaciones se actualizan constantemente con nuevas y mejores funciones. Las actualizaciones son casi siempre gratuitas, a menos que se indique lo contrario, y son fáciles de instalar. Sólo tienes que hacer clic en la última pestaña: Actualizaciones. Si tienes una aplicación que necesita actualizarse, lo verás aquí. También verás las novedades de la aplicación. Si ves alguna, pulsa Actualizar para iniciar la actualización.

Si compraste una aplicación, pero la borraste accidentalmente o cambiaste de opinión sobre borrarla, ¡no te preocupes! Puedes volver a descargar la aplicación en el mismo lugar donde ves las actualizaciones. Sólo tienes que pulsar en Comprado.

Cuando toques el botón Comprado, verás dos opciones: una para ver todas las aplicaciones que has comprado y otra para ver sólo las aplicaciones que has comprado pero que no están en tu iPad mini. Toca la que dice No en este iPad para volver a descargar cualquier cosa, sin costo alguno. Solo tienes que tocar el botón de la nube a la derecha de la pantalla. Incluso puedes volver a descargarla si la compraste en otro iPad, siempre que esté bajo la misma cuenta.

Eliminar aplicaciones es fácil: en la pantalla de inicio, mantén pulsado el icono de la aplicación que quieras eliminar y, a continuación, pulsa la "x" que aparece encima de la aplicación.

Calendario

Entre el resto de aplicaciones preinstaladas que vienen con tu nuevo iPad mini, quizás una de las que más utilices sea el Calendario.. Puedes cambiar entre ver las citas, las tareas o todo en una vista de un día, una semana o un mes.

Combina tu calendario con cuentas de correo electrónico o iCloud para mantener tus citas y tareas sincronizadas en todos tus dispositivos y no perderte ninguna cita.

Crear una cita

Para crear una cita, pulse el icono Calendario de la pantalla de inicio. Pulsa en el día para el que quieras fijar la cita y, a continuación, toca el botón "+" de la esquina. Aquí podrás nombrar y editar tu evento, así como conectarlo a una cuenta de correo electrónico o iCloud para permitir la sincronización.

Cuando edites tu evento, presta especial atención a la duración del mismo. Selecciona las horas de inicio y fin, o elige "Todo el día" si se trata de un evento de todo el día. También tendrás la oportunidad de configurarlo como un evento recurrente haciendo clic en Repetir y seleccionando la frecuencia con la que quieres que se repita. En el caso del pago de una factura o del coche, por ejemplo, podrías seleccionar Mensualmente (en este día) o cada 30 días, que son dos cosas distintas. Después de seleccionar la repetición, también puedes elegir durante cuánto tiempo quieres que se repita ese evento: durante sólo un mes, un año, para siempre, y todo lo que haya entre medias.

Mapas

La aplicación ha vuelto y mejor que nunca. Después de que Apple se separara de Google Maps hace varios años, decidió desarrollar su propio sistema de mapas y navegación para el iPad. El resultado es una preciosa guía de viajes que aprovecha al máximo las nuevas resoluciones del iPad mini. El modo de pantalla completa permite llenar todos los rincones de la tableta con la aplicación, y hay un modo nocturno automático. Podrás buscar lugares, restaurantes, gasolineras, salas de conciertos y otros sitios cerca de ti en cualquier momento, y la navegación giro a giro está disponible para ir a pie, en bici, en bicicleta, en coche o para ir al trabajo. El tráfico se actualiza en tiempo real, por lo que si se produce un accidente delante de ti o hay obras, Mapas te ofrecerá una alternativa más rápida y te avisará del posible atasco.

La navegación giro a giro es fácil de entender sin distraer, y la vista en 3D hace mucho más agradables los escenarios potencialmente difíciles (como las salidas de autopista que surgen abruptamente). Otra función muy práctica es la posibilidad de evitar autopistas y autovías de peaje.

Para configurar la navegación, pulse sobre el icono Mapas . En la parte inferior de la pantalla hay una búsqueda por lugar o dirección; para los hogares se necesita una dirección, pero las empresas sólo necesitan un nombre. Púlsalo e introduce tu destino cuando se te pida.

Cuando encuentres la dirección de tu destino, haz clic en Ruta y elige entre indicaciones a pie o en coche. En el caso de las empresas, también tienes la opción de leer opiniones y llamar directamente a la empresa.

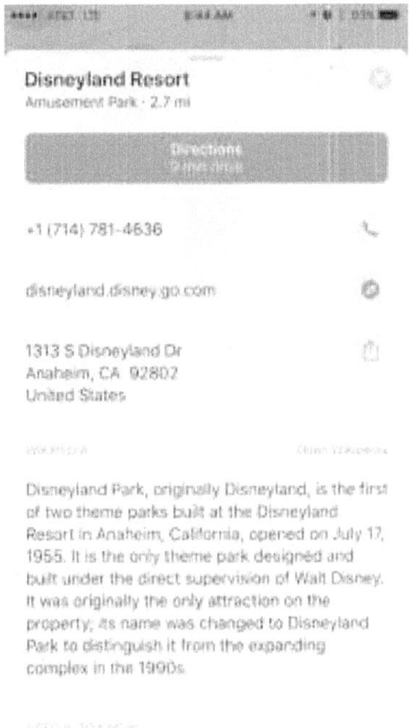

Para la navegación manos libres, sólo tienes que decir "Oye Siri" y di "Navega hasta" o "Llévame hasta" seguido de la dirección o el nombre del lugar al que quieres ir.

Si desea evitar autopistas o peajes, sólo tiene que pulsar el botón Más opciones y seleccionar la opción que desee.

Mapas de Apple también te permite ver una vista en 3D de miles de lugares. Para activar esta opción, toca la "i" en la esquina superior derecha. Después, selecciona la vista por satélite.

Si la vista 3D está disponible, notarás el cambio inmediatamente. Puedes utilizar dos dedos para hacer tu mapa más o menos plano. También puedes seleccionar 2D para eliminar por completo las 3D.

Mapas ha dado grandes pasos para competir con Google; en 2019, añadió una vista a nivel de calle a las principales ciudades como Nueva York y

Los Ángeles, y se esperan más próximamente. Si mantienes pulsada una ubicación, es posible que la veas como vista disponible (si no la ves, es que aún no está en esa ciudad).

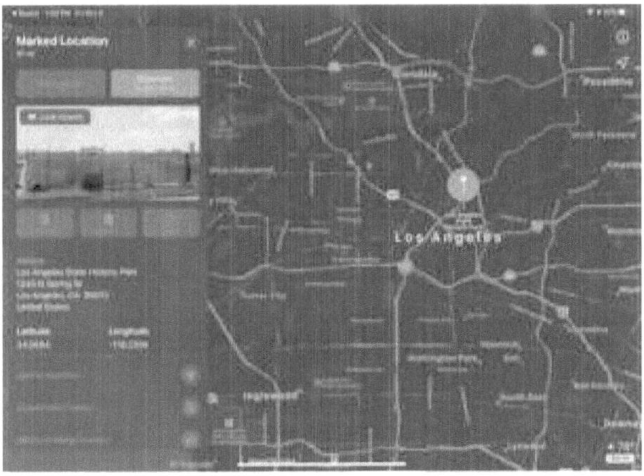

Al pulsar sobre la vista, ésta se agranda.

Por último, al igual que la versión de Mapas para iPhoneel iPad te permite añadir ubicaciones en colecciones para que puedas organizar todos tus lugares favoritos.

Mapas recibió una pequeña actualización con lo que se muestra en iPadOS y iOS 15, pero sigue funcionando en gran medida igual.

La mayor diferencia con la actualización de OS 15 es que ahora los edificios tienen más forma. Así, en el siguiente ejemplo de un parque de atracciones, puedes ver la forma del castillo y la montaña. Esto solo está disponible en algunas regiones.

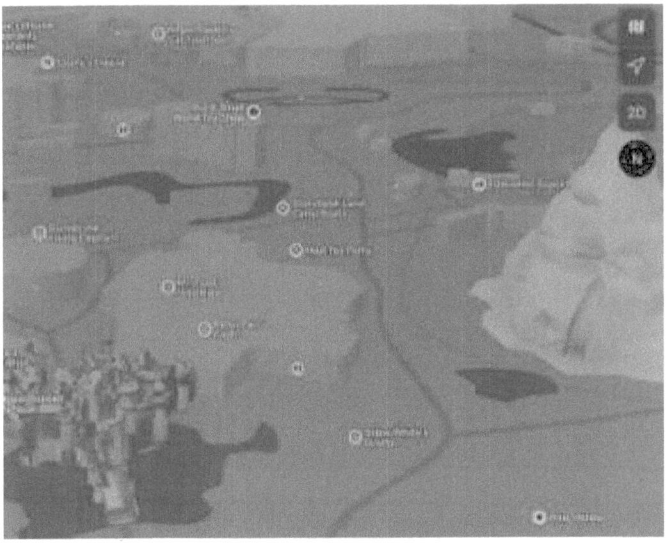

Algunas ciudades, aunque no todas, también tienen más en términos de carriles en la carretera; si la ciudad ha sido configurada, podrás ver más detalles sobre los carriles para ayudarte a navegar por la ciudad y saber en qué carriles debes estar. Si no ves este detalle, es porque la ciudad aún no ha sido configurada.

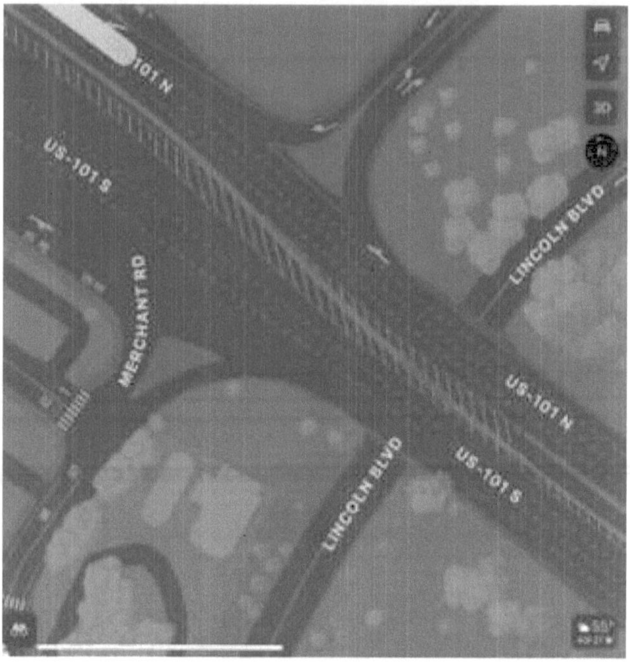

MAPAS (PARADAS MÚLTIPLES)

Obtener direcciones está bien, pero probablemente a menudo te guste hacer algunas paradas por el camino. Si es así, puedes añadir varias paradas.

Digamos que quiero averiguar cómo llevar a mi hijo a un parque de atracciones desde el lugar donde me hospedo. Escribo el nombre del parque y, a continuación, pulso Indicaciones.

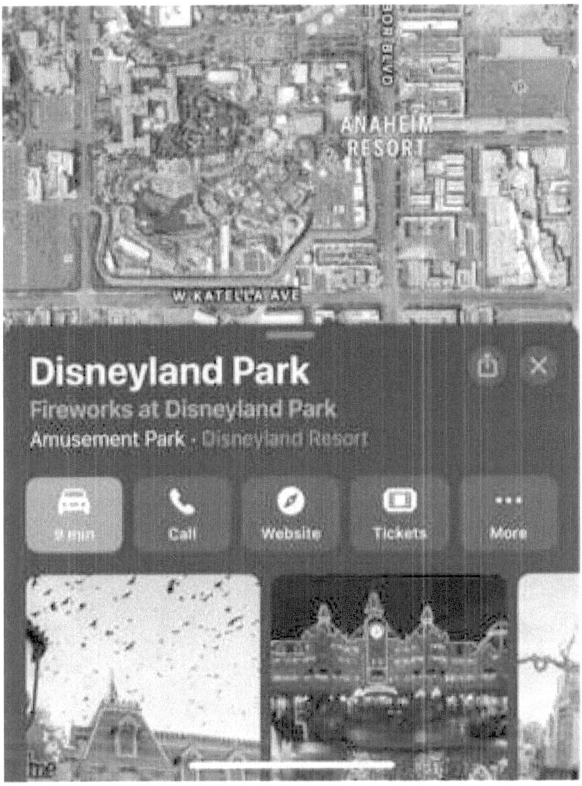

Fácil, fácil, ¡cierto! Pero, ¡oh, no! ¡Acabo de entrar en el coche y me he quedado sin gasolina! Eso no es problema con los mapas. Sólo tengo que pulsar el botón Añadir parada.

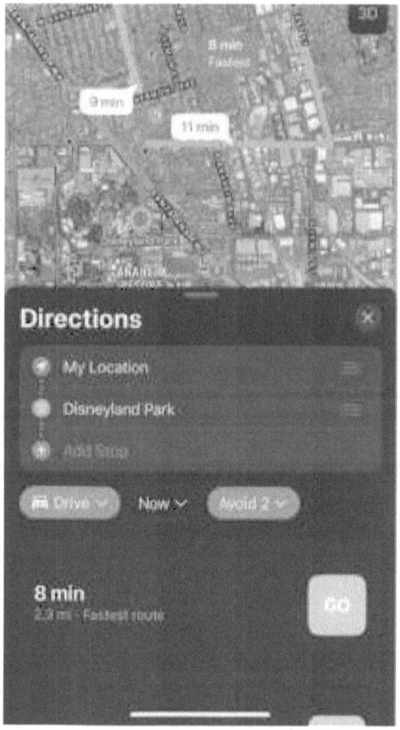

A continuación, escribo la dirección o, en este caso, sólo escribo "Gasolinera". Eso me dará todas las gasolineras cercanas. Cuando veo la que quiero, pulso Añadir.

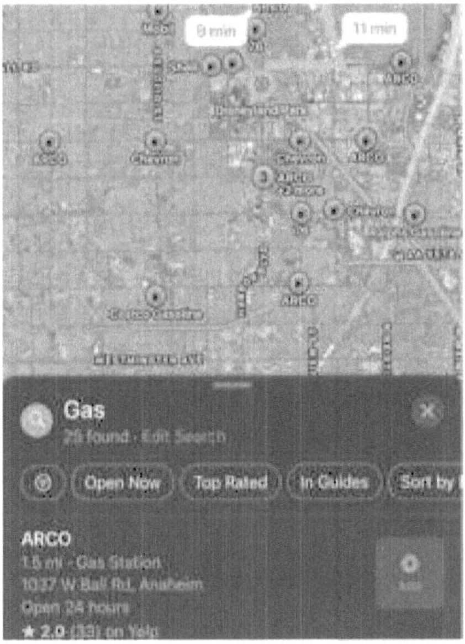

Ahora la parada se ha añadido a las direcciones, pero con una advertencia: se ha añadido al final. Sin embargo, puedes mover fácilmente el orden de las paradas manteniendo pulsadas las tres líneas a la derecha de la parada y arrastrándola hacia arriba o hacia abajo hasta el orden que desees.

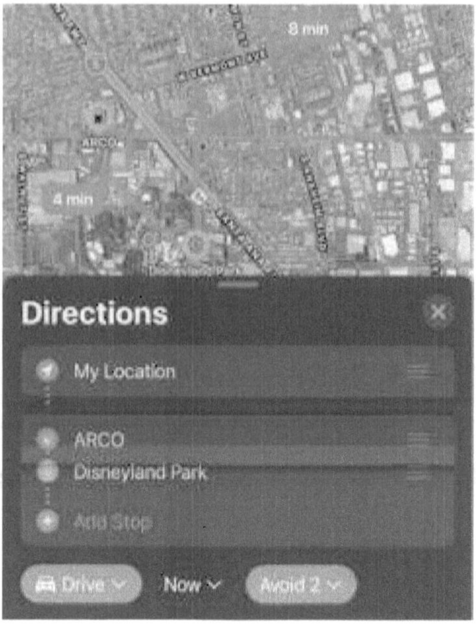

¿Y si los niños también dicen que tienen hambre? No querrás pagar el desayuno a precio de parque de atracciones, ¿verdad? Vuelve a pulsar Añadir parada. Ahora tengo un mapa para llegar a la tienda de donuts, a la gasolinera y, por último, al parque de atracciones.

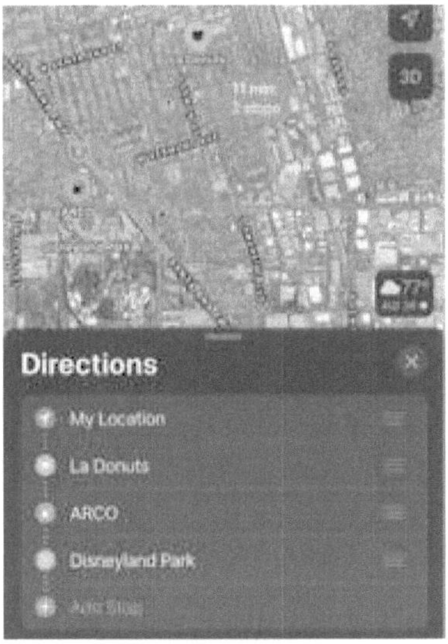

Guías de mapas

Las guías de mapas sólo están disponibles en las ciudades más grandes. Cuando busques una ciudad en la aplicación Mapa, verás las guías justo debajo del botón de direcciones. También puedes compartir la guía o guardarla.

A medida que consultes las guías, te mostrará recomendaciones en el mapa y podrás guardarlas para más tarde.

Encuentre mi

Si usabas Find My Phone o Find My Friend en sistemas operativos anteriores, sorpresa: ¡ya no existen! Estas dos potentes aplicaciones te permitían ver dónde estaban tus amigos en un mapa o dónde estaban tus dispositivos en un mapa.

En esencia, son la misma aplicación con un propósito diferente, por lo que en lugar de mantener ambos, Apple decidió eliminarlos y combinarlos en una aplicación llamada Find My..

La aplicación es bastante sencilla. Tres pestañas en la parte inferior. Una para encontrar a tus amigos (People), otra para encontrar tus dispositivos y otra para cambiar la configuración (Me).

Si quieres ver dónde se encuentra tu amigo, pídele que comparta contigo su ubicación en la sección Personas.

No es muy útil utilizar una aplicación para encontrar tu iPad si no lo tienes. Si ese es el caso, también puedes usar el navegador de tu ordenador para verlo en iCloud.com.

Notas rápidas

Quick Notes es una función muy fácil de usar para tomar notas. ¿Cómo de fácil? Desliza el dedo hacia arriba desde la esquina inferior derecha de la pantalla. Y ya está.

Bueno, más o menos es eso: tienes que hacer clic en el botón "Empezar" la primera vez que lo pruebes.

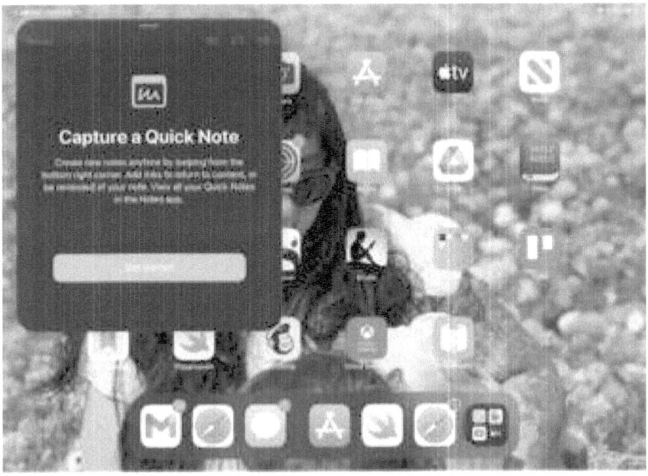

Después de abrirla por primera vez, siempre aparecerá una nota emergente al deslizar el dedo hacia arriba desde la esquina inferior derecha. Flota por encima de otras ventanas, para que puedas escribir notas mientras estás en una página web o en cualquier otra aplicación. Una vez que hayas escrito la nota, toca el botón Listo en la esquina superior izquierda de la nota abierta. La guardará automáticamente y también la sincronizará.

NOTAS

La aplicación Notas siempre ha sido la aplicación perfecta para tomar notas rápidas y sencillas, como Word o Pages, pero sin complicaciones. En iPadOS, Notas sigue siendo sencilla, pero ahora es mucho más sofisticada... sin perder la sencillez que tanto gusta.

A primera vista, Notes tiene básicamente el mismo aspecto de siempre. ¿Has visto el signo más encima del teclado? Eso es lo que es diferente.

Pulsa una vez el botón "+" y verás las opciones que se han añadido.

Empezando por la izquierda hay una marca de verificación, que es lo que pulsas si quieres hacer una lista de verificación en lugar de una nota. Para cada nueva marca de verificación, basta con pulsar el botón de retorno del teclado.

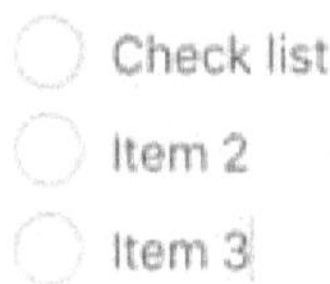

El botón "Aa" es el que pulsarías si quisieras dar un poco de formato a la nota (fuentes más grandes, negrita, texto con viñetas, etc.).

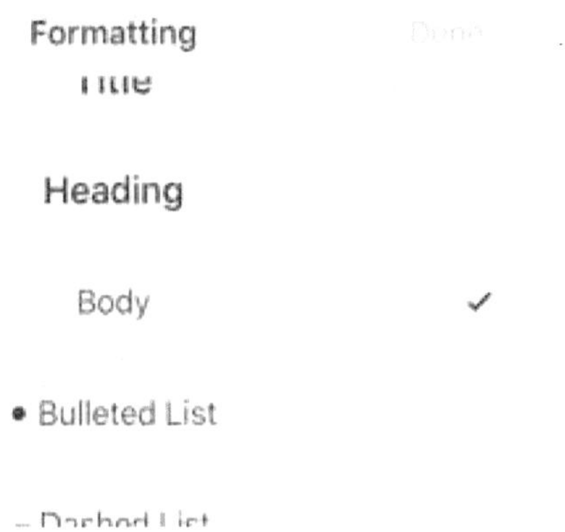

El pequeño botón de la cámara te permitirá añadir una foto que hayas tomado o tomar una foto desde la aplicación e insertarla.

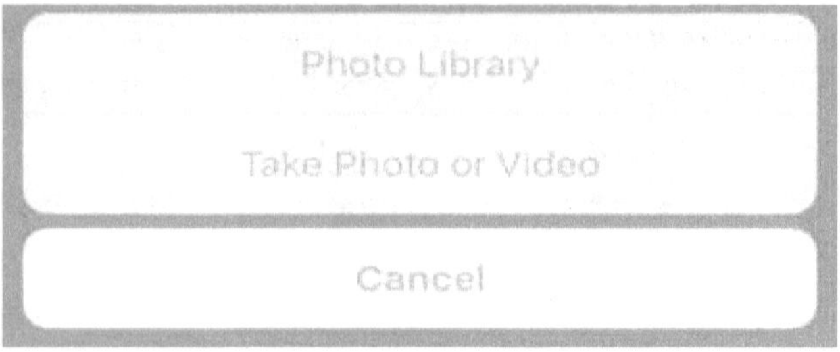

Y por último, la línea garabateada te permite dibujar en la app Notas Cuando la pulses, verás tres pinceles diferentes (bolígrafo, rotulador y lápiz) que funcionan de forma distinta, así como una regla y una goma de borrar.

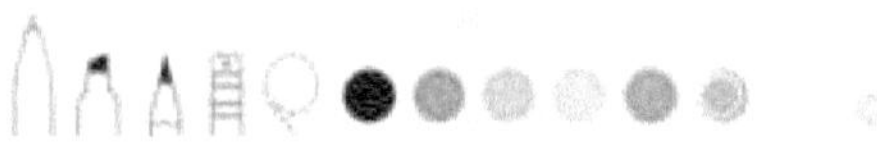

También hay un círculo negro redondo que te permite cambiar el color del pincel.

Sólo tienes que pulsar el botón Hecho en la esquina superior derecha una vez que hayas elegido tu color y éste se cambiará.

Una vez que toques el botón Listo después de haber terminado de dibujar, volverás a la nota. Sin embargo, si tocas el dibujo, se activará de nuevo y podrás hacer cambios o añadir cosas a tu dibujo.

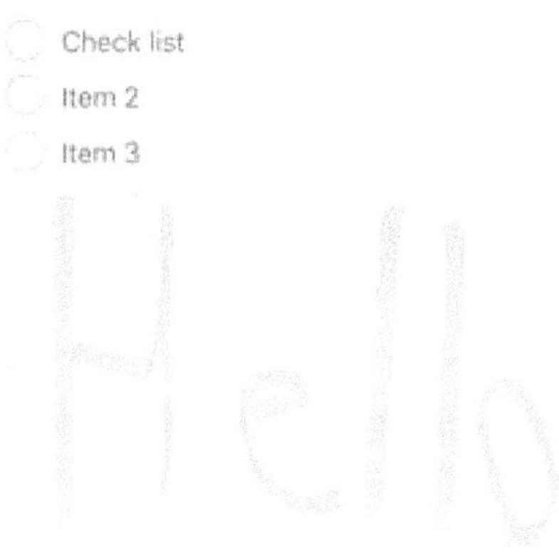

Obviamente, no es la aplicación de dibujo más avanzada, pero esa es la cuestión: no se supone que lo sea. Como el nombre de la aplicación dice, esta aplicación es sólo para anotar o dibujar notas rápidas.

En el menú Ajustes se ha añadido una opción de Búsqueda en la parte superior. Hay muchos Ajustes en iOS, y cada vez más con cada actualización. Los Ajustes de búsqueda te permiten acceder rápidamente al ajuste que deseas. Así, por ejemplo, si quieres dejar de recibir notificaciones de una determinada aplicación, ya no tienes que pasar por un sinfín de aplicaciones, ahora sólo tienes que buscarla.

Notas también se ha añadido a Safariasí que si quieres añadir un sitio web a una nota, ahora es posible.

Siempre que vea la opción de utilizar Markup estará utilizando Notes interfaz.

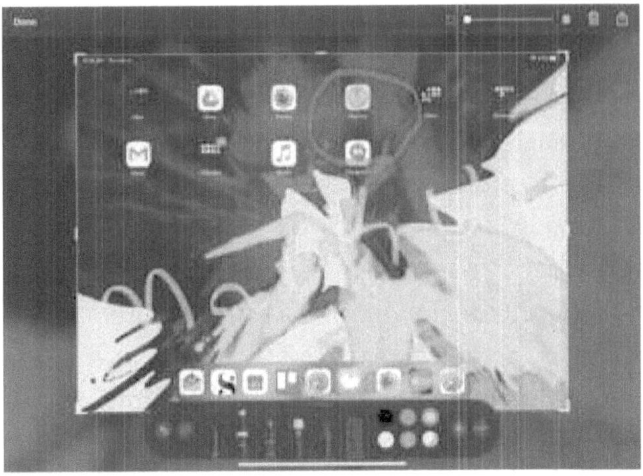

BUSCAR TEXTO EN LA APLICACIÓN

Si deslizas el dedo hacia abajo desde el centro de la pantalla, puedes buscar aplicaciones rápidamente, lo que resulta útil si tienes muchas. También puedes buscar texto dentro de las apps deslizando hacia abajo hasta la sección titulada "Buscar en apps".

Control universal

A algunas personas les gusta invertir de verdad en el ecosistema Apple, ¿y quién puede culparlas? Fabrican grandes productos. Así que puede que tengan un iMac, un MacBook y un iPad. Apple entiende a estos usuarios y ha creado una función llamada Control Universal. Control Universal te permite compartir cosas (desde archivos e imágenes hasta teclados y trackpads) fácilmente. ¿Qué significa esto? Imagina que tienes un MacBook y un iPad Mini. Cuando está activado, puedes abrir Pages en tu iPad y arrastrar una imagen desde tu MacBook a tu iPad Mini. También puedes compartir el trackpad y el teclado de tu MacBook con tu iPad.

Usarlo es bastante sencillo. Pon tu iPad junto a tu MacBook y asegúrate de que están en la misma red inalámbrica y tienen Bluetooth activado, o conecta el iPad al MacBook con un USB-C y luego arrastra el ratón hasta el borde de la pantalla para moverlo a la pantalla de tu iPad. Todo es bastante intuitivo. Ambos dispositivos también necesitan estar ejecutando la última versión de MacOS (OS Monterey) y iPadOS (OS15). Si estás leyendo este libro en la fecha de publicación, es una mala noticia para ti, porque MacOS Monterey aún no ha salido en el momento de escribir estas líneas. También es posible que no se lance con la primera actualización del sistema operativo. Se espera para otoño.

Si quieres prepararte para ello, sólo tienes que configurar un par de cosas. En primer lugar, en tu

MacBook o iMac, ve al menú Apple en la esquina superior izquierda, luego selecciona Preferencias del Sistema y, por último, ve a General. En el menú General, marca la opción Permitir transferencia entre este Mac y tus dispositivos iCloud. A continuación, en tu iPad, ve a la app Ajustes, luego a General; después, activa AirPlay & Handoff si está desactivado.

Enfoque

No molestar ha estado en los iPads durante varias actualizaciones, pero Focus es una nueva adición. Focus funciona de forma muy similar a No molestar, pero es más personalizable. La idea es crear diferentes grupos de Enfoque: por ejemplo, puedes configurarlo en Trabajo y sólo tus compañeros podrán ponerse en contacto contigo, no tus amigos.

Para iniciar o crear una sesión de Enfoque, deslice el dedo hacia abajo desde la esquina superior derecha. Aparecerá el Panel de control; pulse la opción Enfoque.

Le preguntará qué tipo de Foco desea iniciar. Si nunca has creado un Foco, pulsa Empezar en el tipo que quieras crear, o pulsa el + Nuevo Foco para crear uno personalizado.

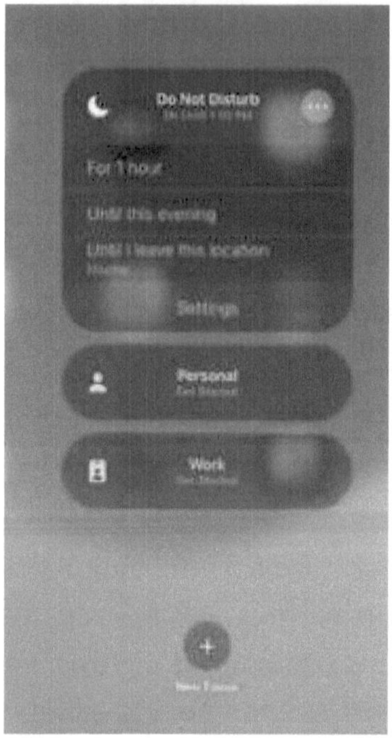

Al crear un nuevo Foco aparecerán algunas sugerencias de tipos de Focos que puede crear.

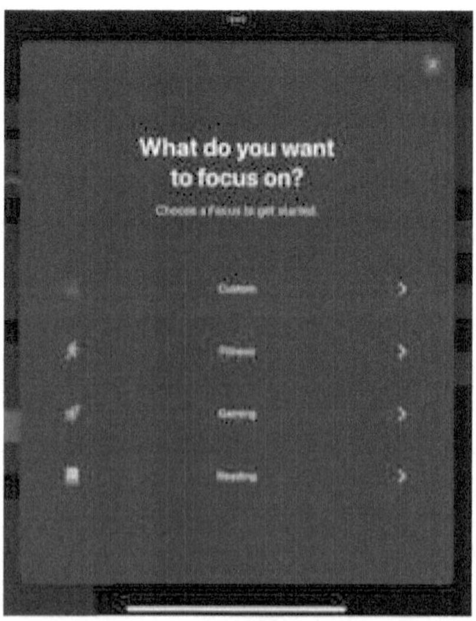

Haz clic en cualquiera de las flechas y podrás establecer quién puede ponerse en contacto contigo, qué tipo de aplicaciones están permitidas e incluso las horas a las que quieres que se encienda automáticamente. Por ejemplo, puedes decir que el Foco de lectura se encienda todas las noches a las 22:00.

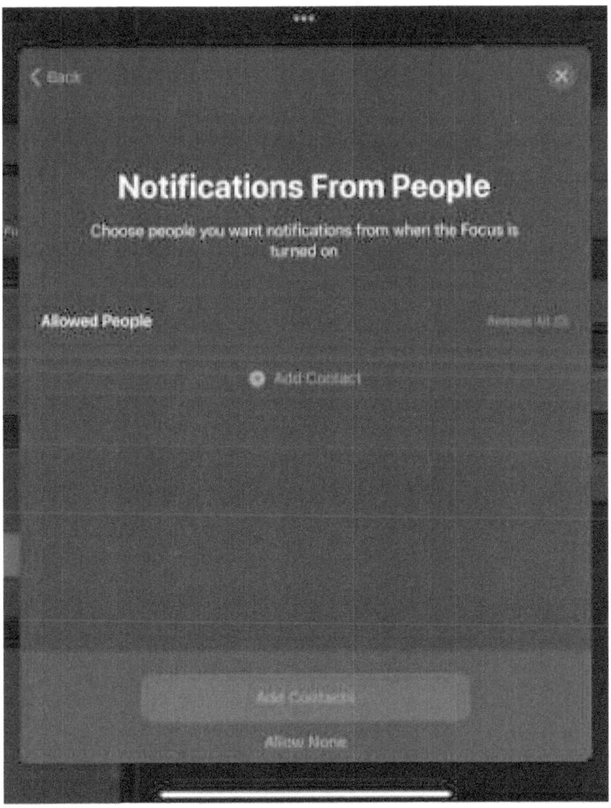

El Focus personalizado funciona igual, pero hay que darle un nombre y un icono.

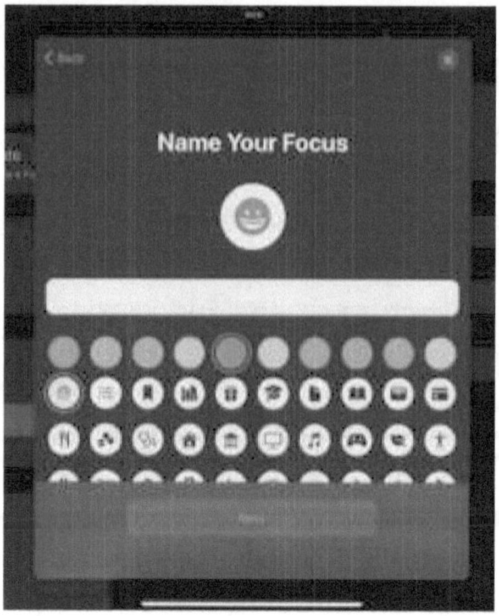

Puede acceder a la configuración del sistema en cualquier momento para modificar los grupos de discusión.

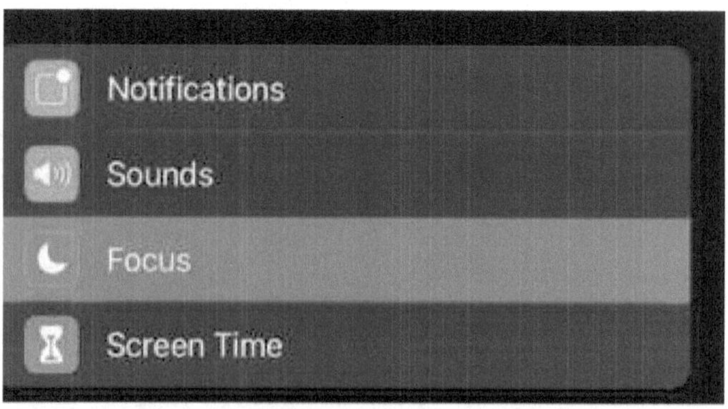

En el menú de edición, podrás cambiar cuándo está activo, qué personas pueden ponerse en contacto contigo y qué aplicaciones están activadas.

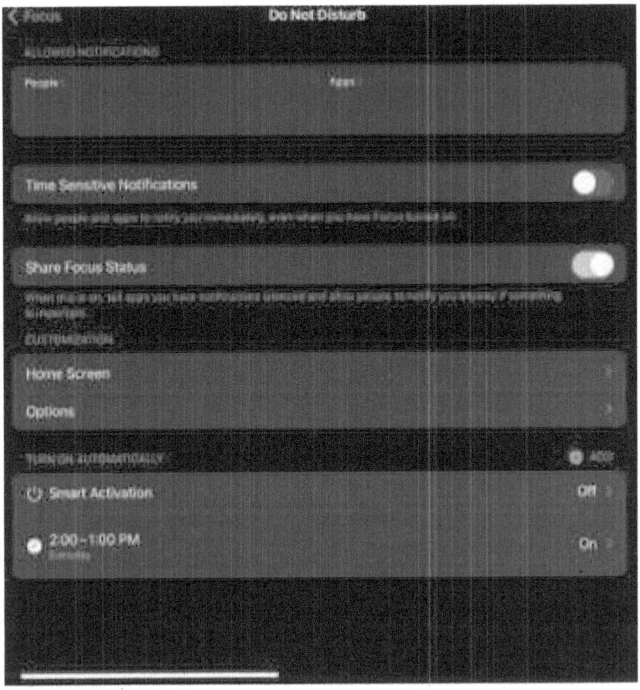

Aplicación meteorológica

La aplicación del tiempo existe desde hace años, pero iPadOS 16 le ha dado algunas mejoras importantes. Ya no es solo una aplicación para ver el tiempo. Es una aplicación para obtener detalles precisos sobre el tiempo.

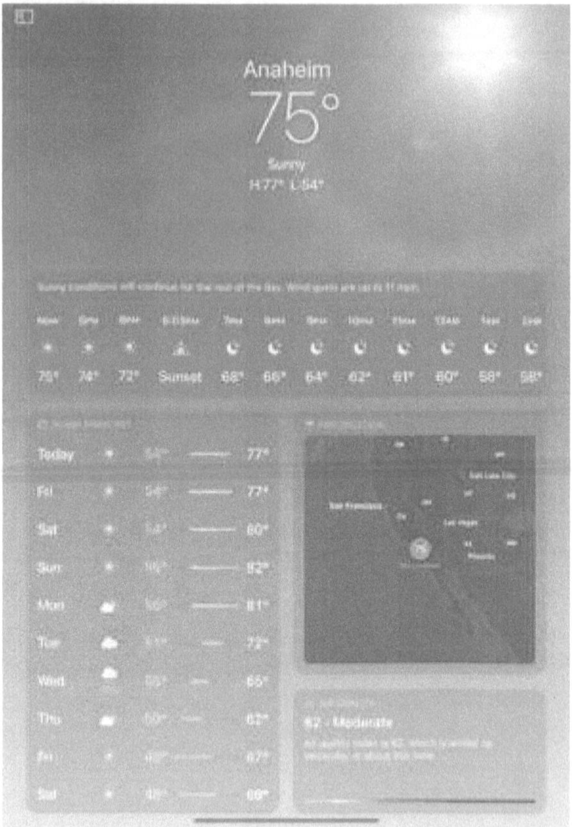

Al hacer clic en un día concreto, te dará una previsión horaria, para que puedas planificar tu día.

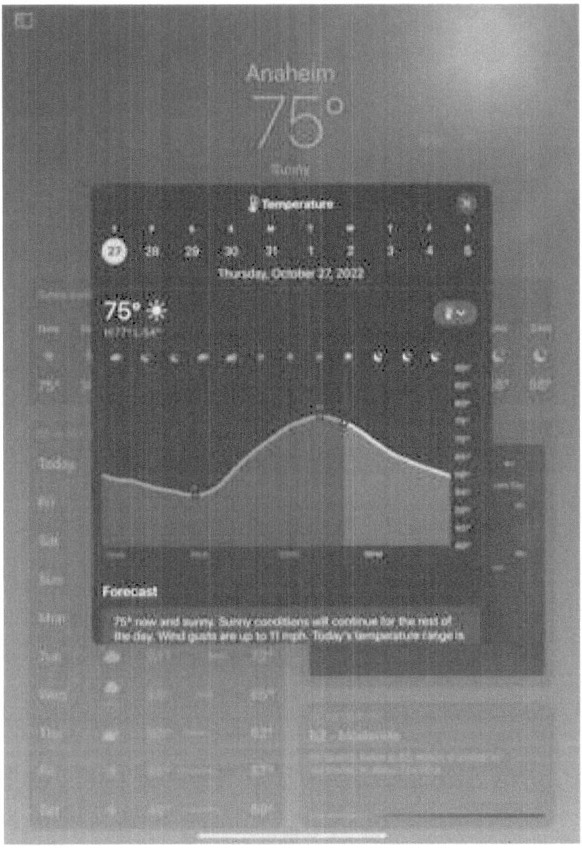
Anaheim
75°
Sunny
Temperature
27 28 29 30 31 1 2 3 4 5
Thursday, October 27, 2022
75°
Forecast
75° now and sunny. Sunny conditions will continue for the rest of the day. Wind gusts are up to 11 mph. Today's temperature range is

[5]
Personalización

Ahora que ya sabes cómo manejarte, es hora de que entres en la configuración y hagas que esta tableta sea completamente personalizada para ti.

Durante la mayor parte de este capítulo, pasaré el rato en el área de Ajustes, así que si aún no estás allí, toca Ajustes desde la pantalla de inicio.

Tiempo de pantalla

Para utilizar Screen Time, entra en Ajustes > Screen Time

Puedes hacer clic en cualquier aplicación para ver cuánto tiempo has pasado en ella, e incluso cuál es tu media. Desde aquí también puedes añadir límites.

No molestar Modo

El modo No molestar es una práctica función situada cerca de la parte superior de la aplicación Ajustes. Cuando este modo operativo está activado, no recibirás ninguna notificación y todas tus llamadas serán silenciadas. Se trata de un truco útil para aquellos momentos en los que no puedes permitirte distraerte (y seamos sinceros, tu iPad es tan comunicativo como el que más, y a veces necesitarás un poco de paz y tranquilidad). Las alarmas del reloj seguirán sonando.

Para activar, programar y personalizar No molestarsólo tienes que pulsar No molestar en Ajustes. Puede programar horas automáticas para activar esta función, como sus horas de trabajo, por ejemplo. También puedes especificar determinadas personas a las que se debe permitir llamar cuando tu tableta está en No molestar. De este modo, tu madre podrá seguir llamándote, pero tú no tendrás que escuchar todos los correos entrantes. Para ello, utiliza el comando Permitir llamada de en la configuración de No molestar.

No molestar también es accesible a través del Centro de control (desliza el dedo hacia abajo desde la esquina superior derecha de la pantalla para acceder a él en cualquier momento).

Notificaciones y Widgets

Las notificaciones son una de las prestaciones más útiles del iPad, pero lo más probable es que no necesites estar informado de todos y cada uno de los eventos configurados por defecto en tu Centro de Notificaciones. Para ajustar las preferencias de Notificaciones, ve a Ajustes > Notificaciones.

Tocando la aplicación, puedes desactivar o activar las Notificaciones y ajustar el tipo de notificación de cada aplicación. Es una buena idea reducir esta lista a las aplicaciones de las que realmente quieres recibir notificaciones; por ejemplo, si no eres inversor, desactiva Notificaciones de Stocks¡! Reducir el número de sonidos que emite tu iPad también puede reducir la fatiga relacionada con la tableta. Por ejemplo, en Mail, puede que quieras que tu tableta emita un sonido cuando recibas un correo de alguien de tu lista VIP, pero que sólo muestre insignias para otros correos menos importantes.

Ajustes generales

El menú General es un pequeño cajón de sastre. Aquí es donde encontrarás información sobre tu iPad, incluyendo su versión actual de iOS y cualquier actualización de software disponible. Afortunadamente, iPadOS 16 marca el comienzo de una era de actualizaciones más pequeñas y eficientes, así que no te verás obligado a borrar aplicaciones para hacer sitio a las últimas mejoras.

También puedes comprobar el almacenamiento de tu tableta y de iCloud aquí.

Las opciones de Accesibilidad también se encuentran aquí. Puedes configurar tu iPad según tus necesidades con Zoom, Voiceover, texto grande, ajuste de color y mucho más. Hay bastantes opciones de Accesibilidad que pueden hacer que iPadOS 16 sea fácil de usar para todo el mundo, incluyendo la Vista en Escala de Grises y opciones de Zoom mejoradas.

Una opción de Accesibilidad un poco disimulada es el ajuste AssistiveTouch. Te ofrece un menú que te ayuda a acceder a las funciones del dispositivo. Al activarlo, aparece un menú flotante diseñado para ayudar a los usuarios que tienen dificultades con gestos en pantalla como deslizar el dedo o con la manipulación de los botones físicos del iPad. Otra función para aquellos con necesidades visuales es la Lupa. Si la activas, la cámara ampliará las cosas, y también puedes pulsar el botón de inicio en los modelos más antiguos y ampliar cualquier cosa que estés mirando.

Te recomiendo que te tomes tu tiempo y recorras la zona general para saber dónde está cada cosa.

Suena

¿Odias la vibración cuando suena tu tableta? ¿Quieres cambiar tu tono de llamada? Ve al menú Ajustes. Aquí puedes activar o desactivar la vibración y asignar tonos de llamada a varias funciones del iPad. Te aconsejo que busques un lugar aislado antes de empezar a probar los distintos ajustes de sonido: es divertido, pero puede molestar mucho a quienes no tengan la suerte de estar jugando con su nuevo iPad.

Consejo: Puedes aplicar tonos de llamada y alertas de mensajes individuales a tus contactos. Sólo tiene que ir a la pantalla de contacto de la persona en Contactospulse Editar y pulse Asignar tono de llamada.

Personalización del brillo y el fondo de pantalla

En el iPad, fondo de pantalla se refiere a la imagen de fondo de la pantalla de inicio y a la imagen que aparece cuando el iPad está bloqueado (pantalla de bloqueo). Puedes cambiar cualquiera de las dos imágenes utilizando dos métodos.

Para el primer método, visita Ajustes > Fondos de pantalla. Aquí verás una vista previa de tu fondo de pantalla actual y de la pantalla de bloqueo. Pulse Elegir un nuevo fondo de pantalla. Desde ahí, puedes elegir una imagen dinámica (en movimiento) o fija precargada, o elegir una de tus propias fotos. Una vez que hayas elegido una imagen, verás una vista previa de la imagen como pantalla de bloqueo. Si lo deseas, puedes desactivar el Zoom Perspectivo (que hace que la imagen parezca desplazarse al inclinar la tableta). Pulse Establecer para continuar. A continuación, elija si desea establecer la imagen como pantalla de bloqueo, pantalla de inicio o ambas.

La otra forma de realizar el cambio es a través de la aplicación Fotos. Busca la foto que quieras establecer como fondo de pantalla y pulsa el botón Compartir. Podrás elegir entre establecer una imagen como fondo, como pantalla de bloqueo o como ambas cosas.

Si quieres utilizar imágenes de la web, es bastante fácil. Sólo tienes que mantener pulsada la imagen hasta que aparezca el mensaje Guardar imagen / Copiar / Cancelar. Al guardar la imagen, se guardará en las fotos añadidas recientemente en la aplicación Fotos.

PRIVACIDAD

El apartado de Ajustes te permite saber qué hacen las aplicaciones con tus datos. Todas las aplicaciones a las que hayas permitido utilizar los Servicios de Localización aparecerán en Servicios de Localización (y aquí también puedes activar y desactivar los Servicios de Localización para aplicaciones concretas o para todo el dispositivo). También puedes revisar tus aplicaciones para comprobar qué información recibe y transmite cada una de ellas.

Cuando utilices cualquier aplicación que utilice la cámara o el micrófono, verás un indicador verde justo encima de la barra de señal del móvil.

CONTRASEÑA COMPROMETIDA

Las filtraciones de datos son bastante comunes hoy en día; Apple está poniendo de su parte para ser transparente sobre cuándo ocurren y ayudarte a solucionarlo antes de que sea un problema.

Ve a la aplicación Ajustes y desplázate hasta llegar a Contraseñas.

Dentro de esta área (que está protegida por contraseña) puede ver todas sus contraseñas almacenadas, pero en Seguridad Recomendaciones, también puede ver si su contraseña "puede" haber sido comprometida. Digo "puede" porque esto no significa que haya sido pirateado. Sólo significa que se han sustraído algunos datos de una empresa, y tú podrías estar en esa lista porque has tenido una cuenta allí en el pasado.

Cuando hagas clic en las recomendaciones, te llevará una a una a cada posible brecha y te mostrará por qué está haciendo la recomendación. En el siguiente ejemplo, dice que Apple ha sufrido una brecha y me sugieren que cambie mi contraseña.

Puedo pulsar en Cambiar contraseña en sitio web para cambiar la contraseña, o puedo pulsar en el mensaje para leer un poco más sobre él. En el ejemplo siguiente, dice que se ha dado cuenta de que he utilizado la misma contraseña en otro sitio web, así que debería cambiarla también.

Privacidad Informe

En Safaripuede tocar el icono AA que aparece junto a la dirección web para ver un Privacidad.

El Informe de privacidad me dirá más cosas sobre los rastreadores que han intentado seguirme. Un rastreador es básicamente un pequeño código incrustado en un sitio web para seguir lo que hago. Por ejemplo, le dice a Facebook que he visitado un sitio web sobre Legos, así que debería empezar a mostrarme anuncios de Legos. Escalofriante, ¿verdad?

Correo, ContactosCalendarios

Si necesita añadir Correo, Contactos o Calendario pulsa Ajustes > Correo, Contactos y Calendarios. Es más o menos el mismo proceso que añadir una nueva cuenta en la aplicación. Aquí también puedes ajustar otras opciones, como la firma de correo electrónico de cada cuenta vinculada. Este es también un buen lugar para comprobar qué aspectos de cada cuenta están vinculados; por ejemplo, es posible que desees vincular tus Tareas, Calendarios y Correo de Exchange, pero no tus Contactos. Puedes gestionar todo esto aquí.

Hay una serie de ajustes útiles aquí, incluyendo la frecuencia con la que quieres que tus cuentas comprueben el correo (Push, por defecto, es el más duro para la vida de tu batería). También puedes activar funciones como Preguntar antes de borrar y ajustar el día de la semana en el que quieres que empiece tu calendario.

AÑADIR FACEBOOK Y TWITTER

Si utiliza TwitterFacebook o Flickr, probablemente querrás integrarlos con tu iPad. Es muy fácil. Solo tienes que tocar en Ajustes y buscar Twitter, Facebook y Flickr en el menú principal (también puedes integrar cuentas de Vimeo y Weibo si las tienes). Pulsa sobre la plataforma que quieras integrar. A partir de ahí, introduce tu nombre de usuario y contraseña. Así podrás compartir páginas web, fotos, notas, páginas del App Store música y mucho más, directamente desde las aplicaciones nativas de tu iPad.

El iPad le preguntará si desea descargar la aplicación gratuita de FacebookTwitter y Flickr cuando configures tus cuentas, si aún no lo has hecho. Te recomiendo que lo hagas: las aplicaciones son fáciles de usar, gratuitas y muy atractivas.

He descubierto que cuando asocié mi cuenta de Facebook mi lista de contactos se llenaba muchísimo. Si no quieres incluir a tus amigos de Facebook en tu lista de contactos, ajusta la lista de aplicaciones que pueden acceder a tus contactos en Configuración > Facebook.

Compartir en familia

Compartir en familia es una de mis funciones favoritas de iPadOS 16. En Familia te permite compartir App Store e iTunes con los miembros de la familia (antes, esto requería un complicado y no del todo conforme baile con los términos de servicio). Activar Compartir en familia también crea un calendario familiar, un álbum de fotos y una lista de recordatorios compartidos. Los miembros de la familia también pueden ver la ubicación de los demás en la aplicación gratuita Find My de Apple y comprobar la ubicación de los dispositivos de los demás. En general, Compartir en familia es una forma estupenda de mantener a todos entretenidos y sincronizados. Puedes incluir hasta seis personas en Compartir en familia.

Para activar Compartir en familiave a Ajustes > iCloud. Aquí, toca Configurar En Familia para empezar. La persona que inicia Compartir en familia para una familia se conoce como organizador familiar. Se trata de una función importante, ya que todas las compras que realicen los miembros de la familia se harán con la tarjeta de crédito del organizador familiar. Una vez que hayas configurado a tu familia, también podrán descargar tus compras anteriores, incluyendo música, películas, libros y aplicaciones.

Invita a los miembros de tu familia a unirse a Compartir en familia introduciendo sus ID de Apple. Como padre, puede crear ID de Apple para sus hijos con el consentimiento paterno. Cuando cree un nuevo ID de Apple para un niño, se añadirá automáticamente a Compartir en familia.

Hay dos tipos de cuentas en Compartir en familia-adultos y niños. Como era de esperar, las cuentas infantiles tienen más restricciones que las de adultos. De especial interés es la opción Pedir para comprar. Esto evita que los miembros más jóvenes de la familia aumenten la factura de la tarjeta de crédito del organizador familiar al requerir la autorización de los padres para las compras. El organizador familiar también puede designar a otros adultos de la familia con capacidad para autorizar compras en los dispositivos de los niños.

Crear accesos directos personalizados

Si quieres darle tu propio toque a cualquier icono, es "técnicamente" posible, pero hay limitaciones. Por ejemplo, podrías cambiar el icono de iMessage por la foto de tu boda. ¿Cuáles son las limitaciones? No tendrás indicadores de notificación en él. Así que tu icono no se iluminará con un indicador de mensaje nuevo, por ejemplo. También se inicia a través de la aplicación Atajos, lo que crea un retraso en la rapidez con la que se abre.

Para ello, debes crear un acceso directo para la aplicación. Si no ves la aplicación Shortcuts, es posible que la hayas eliminado y tengas que instalarla de nuevo.

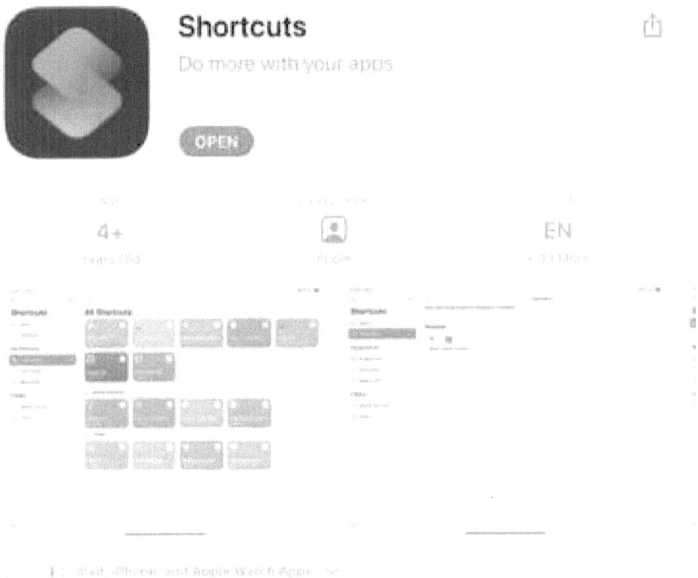

Cuando se inicie la aplicación, pulse el icono + en la esquina superior derecha.

A continuación, seleccione Añadir acción.

Puede buscar todas las acciones posibles, pero es más rápido buscar sólo las acciones que desea realizar. En este caso: Abrir aplicación.

Pulse Elegir para seleccionar la aplicación que desea abrir.

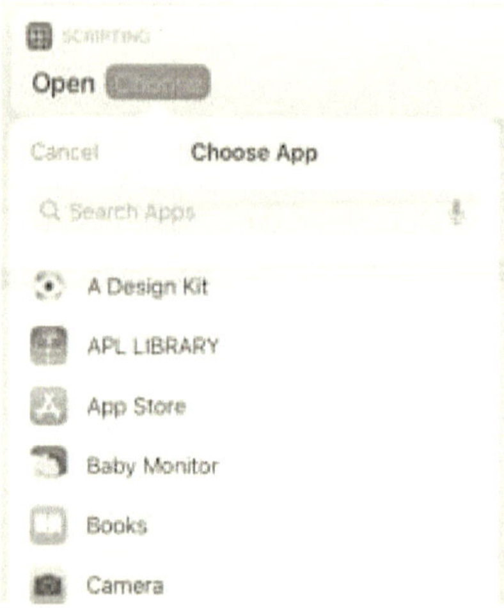

Escribe el nombre de la aplicación que quieres abrir. Estoy eligiendo la aplicación mensajes.

A continuación, pulse el icono de la esquina superior derecha con los tres puntos y el círculo azul.

Quieres crear un icono para él en tu pantalla de inicio, así que pulsa Añadir a pantalla de inicio.

Pulse la imagen del icono y seleccione dónde está la imagen que desea utilizar.

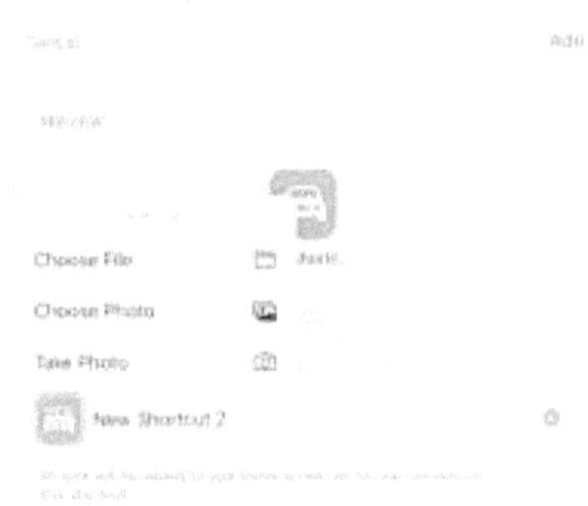

Te dará una vista previa del icono. Antes de pulsar Hecho, asegúrese de cambiar el nombre de Nuevo acceso directo por el que desee.

Una vez que termines, aparecerá en tu pantalla de inicio como cualquier otra aplicación.

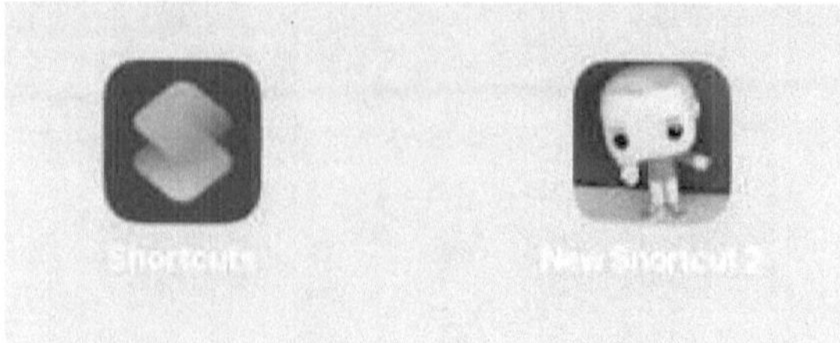

Continuidad y traspaso

iPadOS 16 incluye algunas características increíbles para aquellos de nosotros que trabajamos en múltiples dispositivos iPadOS 16 y Sierra y Yosemite OSX. Ahora, cuando tu ordenador ejecuta Yosemite o superior o tu iPad con iPadOS 16 está conectado a la misma red Wi-Fi que tu iPhone con iOS 13, puedes responder llamadas o enviar mensajes de texto (tanto iMessages como SMS normales) desde tu iPad u ordenador.

La función Handoff está presente en aplicaciones como Numbers, SafariMail y muchas más. Handoff te permite dejar una aplicación en un dispositivo a mitad de la acción y retomarla justo donde la dejaste en otro dispositivo. Hace la vida mucho más fácil a los que llevamos un estilo de vida multidispositivo.

[6]
LA CÁMARA

HACER FOTOS Y VÍDEOS

Ahora que ya sabes cómo hacer una llamada con la tableta, ¡vamos a lo divertido! A continuación veremos cómo utilizar la aplicación Fotos.

La aplicación Cámara está en la pantalla de inicio, pero también puedes acceder a ella desde la pantalla de bloqueo.

La aplicación Cámara es muy fácil de usar. En primer lugar, debes saber que la aplicación Cámara tiene dos cámaras: una frontal y otra trasera.

La cámara frontal tiene una resolución inferior y se utiliza sobre todo para autorretratos; sigue haciendo fotos excelentes, pero recuerda que la cámara trasera es mejor. Para acceder a ella, toca el botón de la esquina superior derecha (el que tiene la cámara y dos flechas). La barra de la parte inferior contiene todos los modos de la cámara. Así puedes pasar del modo foto al modo vídeo.

En el lateral de la pantalla verás un botón con forma de rayo. Es tu flash. Toca este botón y podrás alternar entre diferentes modos de flash.

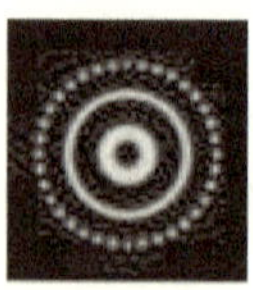

Los dos siguientes botones no los usarás tanto. El primero, el círculo, es para las fotos en directo. Fotos en directo graba un breve vídeo mientras haces la foto; es tan rápido que ni te darás cuenta. Se activa automáticamente, así que tócalo una vez para desactivarlo; si mantienes pulsada una foto con Live Photo activado, verás el vídeo. Al lado hay un temporizador que, como es de esperar, retrasa la toma para que puedas hacer una foto de grupo.

Uno de los modos fotográficos se llama "Pano"o Panorama. Panorama es la posibilidad de tomar una foto extra larga de más de 20 megapíxeles de tamaño. Para utilizarlo, pulse el botón Panorama. Aparecerán instrucciones en pantalla. Simplemente pulsa el botón Disparar en la parte inferior de la pantalla, y gira la cámara lo más recto posible mientras sigues la línea. Cuando llegue al final, la foto pasará automáticamente a tu álbum.

El modo que probablemente hayas visto más es el modo Retrato Retrato. El modo Retrato da a tus fotos ese efecto de desenfoque que se ve en las cámaras DSLR de gama alta.

Tanto si el usuario es un amante de los selfies como un adicto a los retratos fotográficos, estas son dos funciones que todos los usuarios apreciarán.

Para acceder y utilizar los modos Retrato y Retrato Claro en el iPad mini:

Abre la aplicación Cámara app.

Deslice el dedo hacia arriba o hacia abajo para cambiar al ajuste Retrato vertical.

Alinea la toma a menos de 2-8 pies del sujeto. La detección facial y corporal de la cámara identificará automáticamente al sujeto y le dará instrucciones para alejarse o acercarse a él.

Presta atención a las indicaciones de la aplicación Cámara más luz, el flash puede ayudar, coloca al sujeto a menos de 2 metros o aléjate.

Cuando la toma esté lista, aparecerá un banner en la parte inferior.

Desliza o toca los iconos de los cubos situados encima del botón del obturador para cambiar los efectos de iluminación.

Pulsa el disparador para hacer la foto.

Hay varios modos de Retrato (Iluminación de Estudio, por ejemplo), pero puedes cambiar de modo después de hacer la foto; así, si la haces con Iluminación de Estudio, pero decides que otro modo quedaría mejor, puedes cambiarlo.

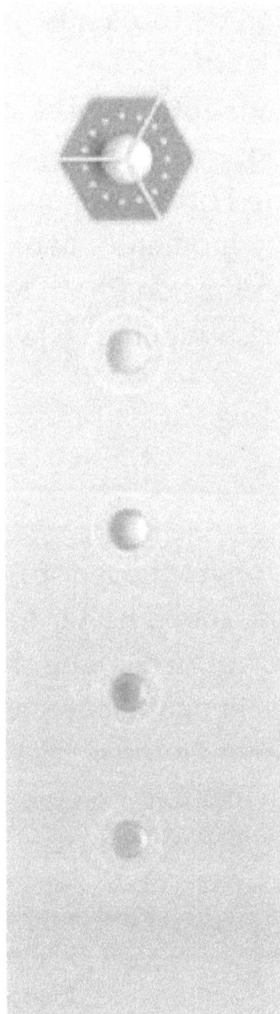

Edición de fotos

Editar tus fotos es tan fácil como hacerlas. Las herramientas de edición son tan sencillas como potentes. Pero si quieres más potencia, siempre puedes descargarte una de los cientos de aplicaciones de edición de fotos que hay en el App Store.

Para editar una foto, toca el icono Foto en la pantalla de inicio.

Cuando inicie Fotos, verá una pestaña con tres botones; en este momento, hablaré del botón Fotos, pero hablaremos de Photo Stream en el próximo capítulo. Pulsa Álbumes y ¡a editar!

A continuación, toque la foto que desee editar y, a continuación, toque Editar en la esquina superior derecha. Se abrirá el menú de edición. En la parte inferior de la pantalla, verás todas las opciones: deshacer, autocorrección (que corrige el color de la foto), cambio de color, eliminación de ojos rojos y, por último, recortar.

La única función añadida es la del medio, que permite cambiar la saturación del color.

Cuando esté satisfecho con los cambios, pulse Guardar en la esquina superior derecha.

Recuerda que siempre que quieras volver a la pantalla anterior sólo tienes que pulsar el botón Atrás en la esquina superior izquierda.

FOTOS EN DIRECTO

Apple introdujo las Live Photos en 2015, cuando salió el iPhone 6s. Esta función mejora la fotografía de las tabletas, utilizando imágenes que se mueven. iPadOS 16 hace que Live Photos sea mejor que nunca. Quieres saber cómo hacer una foto en vivo? Vamos a echar un vistazo.

Fotos en directo graba lo que ocurre 1,5 segundos antes y después de hacer la foto. Esto significa que no solo obtienes una foto, sino también movimiento y sonido.

Abra la aplicación Cámara de la cámara;

Pon tu cámara en modo Foto y activa Live Photos Live Photos;

Mantén la tableta muy quieta;

Grifo .

Con tu iPad mini, Live Photos está activada por defecto. Si quieres tomar una imagen fija, toca  y podrás desactivar Live Photos. Si quieres que Live Photos esté siempre desactivado, ve a Ajustes > Cámara > Conservar ajustes.

Álbumes de fotos y compartir fotos

Ahora que ya tienes tu foto hecha y editada, vamos a ver cómo compartir fotos.

Hay varias formas de compartir fotos. Cuando abras una foto, verás una barra de opciones en la parte inferior. La versión anterior tenía más opciones, que ahora se han centralizado en una única ubicación, que verás a continuación.

El primer botón te permite compartir la foto en redes sociales y dispositivos multimedia.

En la fila superior están las opciones sociales; en la inferior, las opciones multimedia. AirPlaypor ejemplo, te permite enviar fotos de forma inalámbrica si tienes un Apple TV..

Finalmente, el último botón te permite borrar la foto, no te preocupes por borrar una foto accidentalmente, porque te pide que confirmes si quieres borrar la foto antes de borrarla.

A continuación, vamos a la pestaña central. Photo Stream es algo así como Flickr; te permite compartir tus fotos con tu familia y amigos fácilmente. Para acceder a Photo Stream, pulsa el botón Compartido en la parte inferior de la aplicación Fotos.

En la esquina superior izquierda hay un botón "+"; tócalo.

Aparecerá un menú que te permite crear un directorio compartido. Desde ahí puedes elegir el nombre, quién lo ve y si es una secuencia de fotos pública o privada. Para elegir a una persona de tus contactos, pulsa el botón azul "+".

Una vez creado el álbum, pulsa el botón "+" y pulsa sobre cada foto que quieras añadir; a continuación, pulsa Hecho.

Una vez que tu familiar o amigo acepte tu invitación a Stream, comenzará automáticamente la sincronización de tus fotos. Cada vez que añadas una foto a tu álbum, recibirán una notificación.

El nuevo iPadOS ahora también agrupará tus fotos como recuerdos; lo hace mirando dónde y cuándo se tomó la foto. Así, empezarás a notar grupos como "Recuerdos de Navidad".

Subtitulado de fotos

Si deslizas el dedo hacia arriba sobre una foto, podrás hacer cambios y añadir filtros, así como un pie de foto. Así, puedes añadir algo como "Vacaciones en el Gran Cañón" y luego buscar ese término.

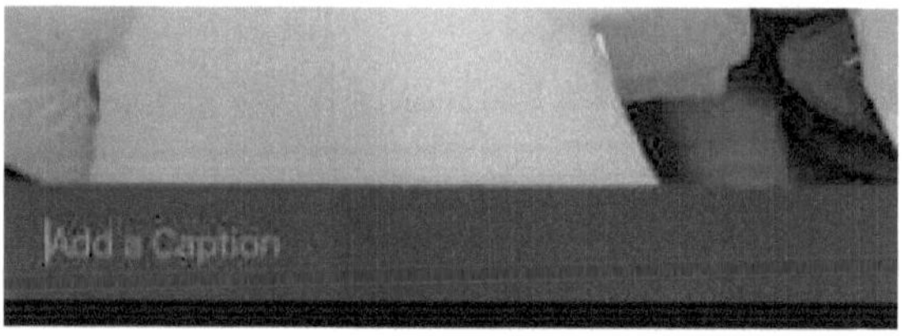

Ocultar fotos

Todos tenemos fotos embarazosas: ¿esas en las que apareces vestido con un tutú y montado en un unicornio? ¿O soy sólo yo?

Si quieres ocultar "ciertas" fotos para que sólo las veas tú, es una opción. Antes podías ocultarlas, pero aparecían en tus álbumes. Estaban "más o menos" ocultas, pero creo que la mayoría de la gente estaría de acuerdo en que no estaban tan ocultas como que eran más difíciles de encontrar.

En iPadOS 16, se añadió la posibilidad de ocultar completamente esa carpeta. Ve a la app Ajustes y luego a Fotos; desplázate hasta Álbum oculto. Si está activada, el Álbum Oculto estará en el área de Utilidades de álbumes (como he dicho, más difícil de encontrar, pero no realmente oculto); si está desactivada, se ha ido. No se encuentra por ninguna parte. Las imágenes se guardan y almacenan en la nube, aunque no puedas verlas. Para verlas, vuelve a activarla, ve a Álbumes y desplázate hasta Utilidades. Si conoces a algún famoso, pásale esta información para que dejemos de oír hablar de todas esas fotos "accidentales" que se comparten para que sean privadas.

Para ocultar una foto, búscala, selecciónala y toca el icono Compartir; aparecerá la opción con la que quieres compartirla (un nombre un poco engañoso, ¿verdad?: la estás ocultando porque no quieres compartirla).

Te confirmará que realmente quieres ocultarlo. Si más tarde cambias de opinión, entra en el álbum oculto y desocúltalo de la misma manera. También puedes seleccionar varias imágenes a la vez para ocultarlas como grupo.

Sacar la foto del fondo

Las imágenes en textos y documentos son divertidas. ¿Sabes qué es mejor? Quitar el fondo para que la imagen destaque de verdad.

Abre una foto y toca la parte que quieras separar del fondo. A continuación, selecciona Copiar.

A continuación, ve a la aplicación en la que quieras pegarlo. Yo estoy usando la aplicación Notas, pero puedes usar un mensaje de texto, un correo electrónico o muchas otras aplicaciones. Desde aquí, mantén pulsado y selecciona pegar.

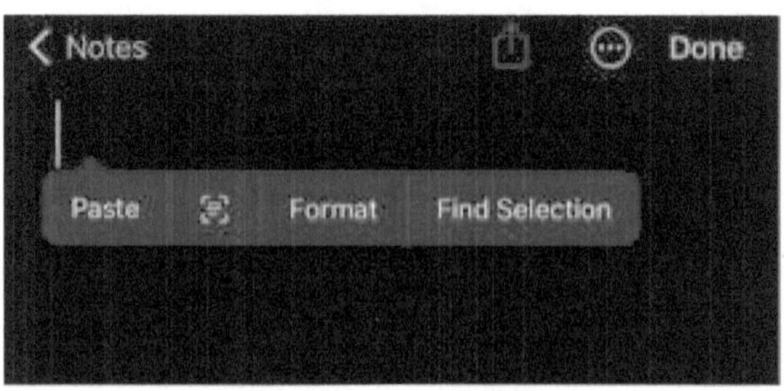

Fíjate. ¡Una foto pegada con el fondo eliminado!

Búsqueda

Imagínese: acaba de ver el perro más adorable. Quieres saber de qué raza es. Photos tiene una solución fácil: haz una foto y luego búscala. Echa un vistazo al cachorro de abajo. Adorable, ¿verdad? Pero, ¿qué es exactamente? Cuando deslizas el dedo hacia arriba sobre la foto de un perro, puedes verlo.

Después de deslizar hacia arriba, suponiendo que reconoce que es un perro, tendrá un icono de huella de pata. Púlsalo.

Ahora traerá lo que llama "Conocimiento Siri", que son artículos sobre la raza que cree que es. También mostrará fotos similares. ¿Siempre acierta? Es un ordenador, así que no. Sobre todo en el caso de los chuchos, que tienen varias razas.

Esta función no se limita a los perros. Puedes utilizarla con otros animales e incluso con puntos de referencia. En la foto de abajo, cree saber dónde se tomó la imagen y la mostrará en un mapa; si fuera un punto de referencia, también ofrecería artículos sobre la imagen.

Texto en directo

Además de los artículos sobre un animal o un lugar en una foto, también puedes copiar texto de una foto. Sólo tienes que asegurarte de que el texto sea lo suficientemente nítido. Esto es especialmente útil para cosas como números de teléfono. ¿Quieres llamar a un negocio? Sólo tienes que hacer una foto del cartel con el número, luego tocar el número en la imagen y podrás llamar desde la foto.

Biblioteca compartida

Compartir un álbum no es nada nuevo en iOS. Sin embargo, compartir una biblioteca es algo muy diferente. Compartir una biblioteca permite a los demás acceder a todas tus fotos, o a las fotos que les autorices a ver (por ejemplo, un intervalo de fechas). Una de las características más interesantes es que puedes compartir directamente a esa carpeta cuando haces una foto. Veamos cómo configurarlo y cómo funciona.

Para empezar, tienes que ir a tu Configuración. Desde Ajustes, navega hasta Fotos y, a continuación, haz clic en la opción Biblioteca compartida.

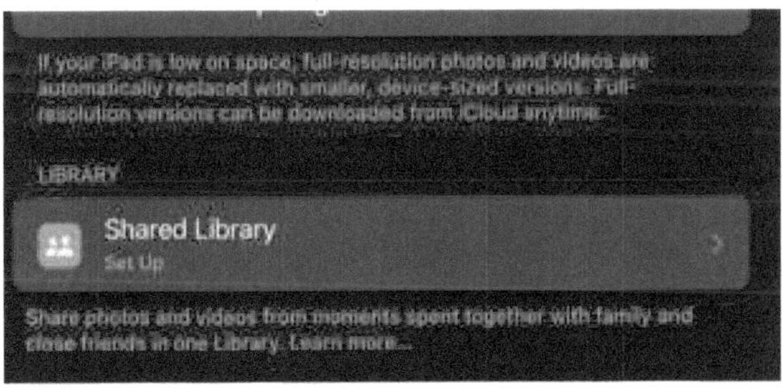

Esto te lleva a un conjunto muy simple de instrucciones para configurar las cosas; sólo tienes que pulsar la opción azul Get Started para empezar.

A continuación, añadirás los contactos que quieras añadir para compartir -ten cuidado aquí: dado que se comparten todas tus fotos, probablemente sólo quieras seleccionar a los familiares directos.

A continuación, selecciona lo que quieres compartir: todas tus fotos, un intervalo de fechas de fotos o elige manualmente.

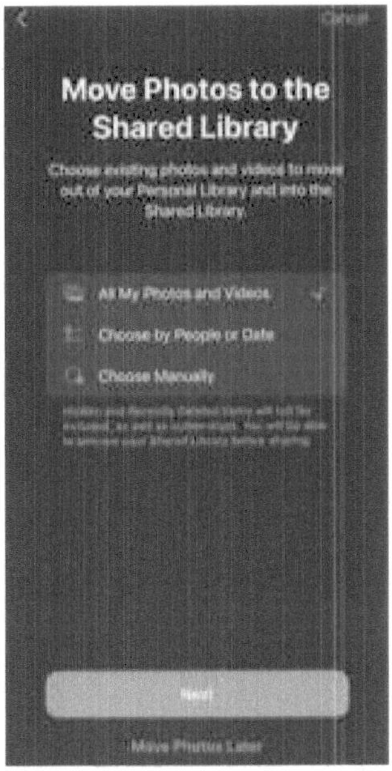

A continuación, te mostrará una vista previa de lo que estás compartiendo. Si eres usuario de iPhone desde hace tiempo, puede que sea bastante grande: en mi caso, puedo ver que estoy compartiendo casi 50.000 fotos y 4.000 vídeos. Si estás compartiendo algo similar, probablemente verás una pantalla de procesamiento durante mucho tiempo.

A partir de aquí, decidirás cómo les invitas a ver las fotos.

Sólo pondrá una pequeña miniatura con el enlace en el mensaje que envíes.

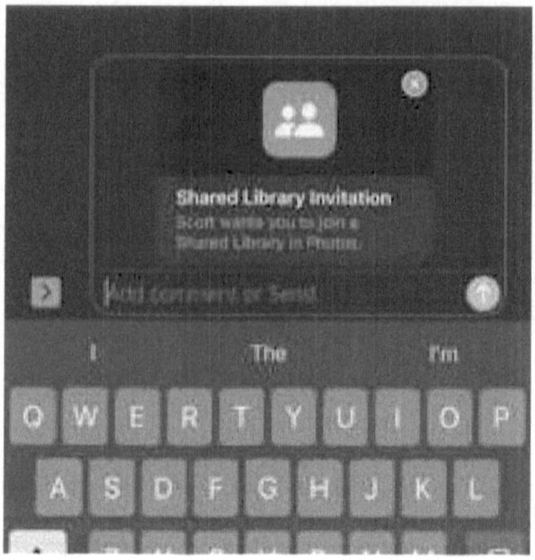

También te preguntará si quieres compartir directamente desde la cámara, es decir, compartir lo que fotografíes.

Una vez que respondas a la pregunta sobre la cámara, estarás listo para empezar a compartir.

Ahora, cuando entres en Fotos, verás que al hacer clic en los tres puntitos de la esquina superior derecha de todas las fotos, hay una opción para ver las distintas bibliotecas.

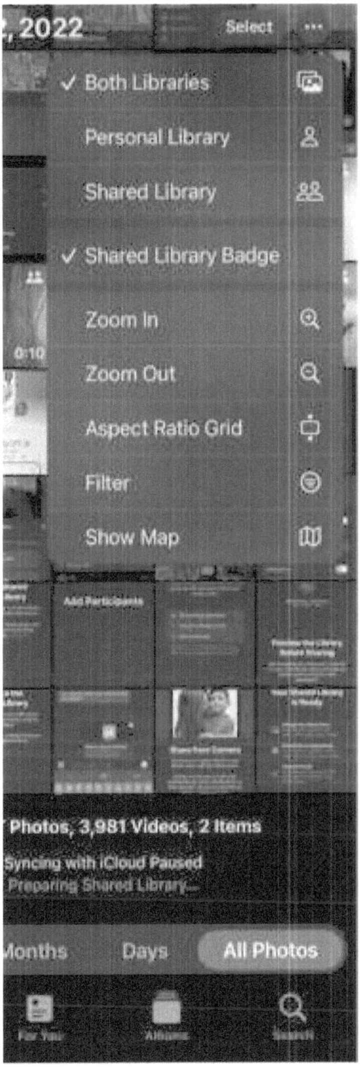

Si entras en la aplicación de la cámara, también verás el icono de una personita activado o desactivado.

Desactivado significa que no estás compartiendo las fotos que tomas en tu Biblioteca compartida; activado significa que sí lo estás haciendo.

[7]

¿ANIMOJI?

CÓMO AÑADIR TU PROPIO ANIMOJI

Voy a ser sincero, ¡creo que Animoj es espeluznante! ¿Qué es? Casi tienes que probarlo para entenderlo. En pocas palabras, Animoji te convierte en un emoji. ¿Quieres enviarle a alguien un emoji de un mono? Eso es divertido. ¿Pero sabes qué más es divertido? ¡Hacer que ese mono tenga la misma expresión que tú!

Cuando usas Animoji, pones la cámara delante de ti. Si sacas la lengua, el emoji saca la lengua. Si guiñas un ojo, el emoji guiña un ojo. Así que es una forma de enviar a una persona un emoji con exactamente cómo te sientes.

Para usarla, abre tu aplicación iMessage de iMessage. Inicia un mensaje como lo harías normalmente. Toca el botón App seguido del botón Animoji. Elige un Animoji y toca para verlo a pantalla completa. Mira directamente a la cámara y coloca tu cara en la fama. Toca el botón de grabación y habla durante un máximo de 10 segundos. Toca el botón Vista previa para ver el Animoji. Toca el botón de flecha hacia arriba para enviar o la papelera para eliminar.

También puedes crear un emoji que se parezca a ti. Haz clic en el botón grande "+" junto a los otros Animojis.

Esto te guiará a través de todos los pasos para enviar tu propio Animoji personalizado, desde el color del pelo hasta el tipo de nariz.

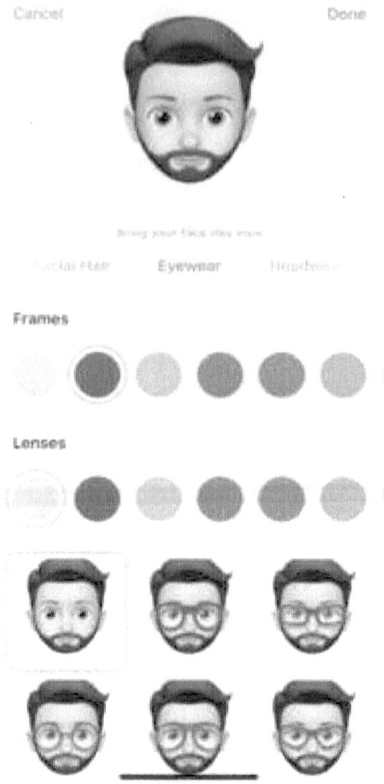

Cuando haya terminado, estará listo para enviar.

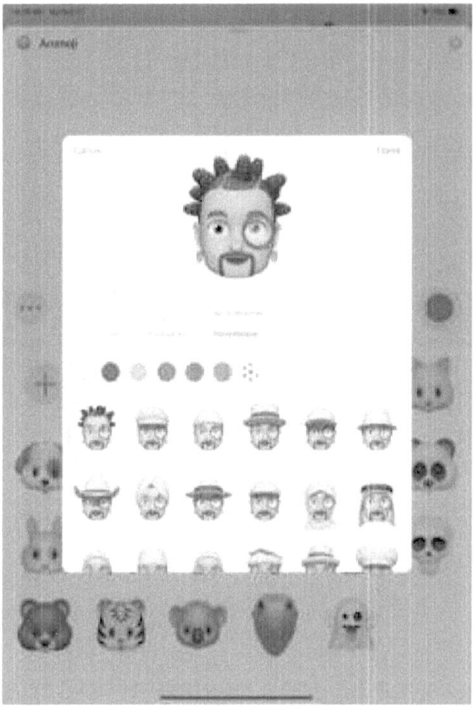

[8]
Hola, Siri

A estas alturas, probablemente lo sepas todo sobre Siri y cómo puede recordarte cosas. Si no es así, di: "Oye, Siri".

Siri funciona igual que siempre, pero ha recibido algunas actualizaciones para hacerla más rápida.

El mayor cambio de Siri es el aspecto. El tema de muchos de los cambios en iOS es cómo minimizar lo que ya funciona. Con Siri eso significa tener un aspecto más pequeño. Ahora se inicia de una forma menos intrusiva.

Sus respuestas también van con menos distracciones. Antes lanzaba respuestas a pantalla completa que te sacaban de lo que estabas haciendo para ver la respuesta. Ahora solo ocupa un poco de espacio.

Entonces, ¿qué hacer exactamente con él? Lo primero que debes hacer es presentar Siri a tu familia. Siri es muy lista y quiere conocer a tu familia. Para presentársela a tu familia, activa Siri y di: "Brian es mi hermano" o "Susan es mi jefa". Una vez confirmada la relación, ya puedes decir cosas como: "Llama a mi hermano" o "manda un correo a mi jefe".

Siri también se basa en la ubicación. ¿Qué significa esto? Significa que en lugar de decir: "Recuérdame que llame a mi mujer a las 8 de la mañana" puedes decir: "Recuérdame que llame a mi mujer cuando salga del trabajo" y en cuanto salgas de la oficina recibirás un recordatorio. Siri puede resultar un poco frustrante al principio, pero es una de las aplicaciones más potentes de la tableta, ¡así que dale una oportunidad!

Todo el mundo odia las esperas. No hay nada peor que tener hambre y tener que esperar una hora por una mesa. Siri hace todo lo posible por hacerte la vida más fácil reservando por ti. Para que esto funcione, necesitarás una aplicación gratuita llamada OpenTable (también necesitarás una cuenta gratuita), que está en la App Store de Apple. Esta app gana su dinero gracias a que los restaurantes pagan por ella, así que no te preocupes por tener que pagar por usarla. Una vez instalada, sólo tendrás que activar Siri y decir: "Oye Siri, hazme una reserva en el Olive Garden" (o donde quieras comer). Ten en cuenta que no todos los restaurantes participan en OpenTable, pero cientos (si no miles) sí lo hacen, y está creciendo mensualmente, así que si no está, probablemente lo estará pronto.

Siri está en constante evolución. Y con la última actualización, Apple le ha enseñado todo lo que necesita saber sobre deportes. Adelante, ¡pruébalo! Di algo como: "Oye, Siri. ¿Cuál es el resultado del partido de los Kings?" o: "¿Quién lidera la liga en jonrones?".

Siri también se ha vuelto un poco más sabia en las películas. Puedes decir: "Películas dirigidas por

Peter Jackson" y te dará una lista y te permitirá ver una sinopsis, la puntuación de la crítica en Rotten Tomatoes y, en algunos casos, incluso un tráiler o una opción para comprar la película. También puedes decir: "Horario de proyecciones de películas" y aparecerá una lista de las películas cercanas en cartelera. De momento, no se pueden comprar entradas para la película, aunque cabe imaginar que esa opción llegará muy pronto.

Por último, Siri puede abrir aplicaciones por ti. Si quieres abrir una aplicación, simplemente di: "Abrir y el nombre de la app".

El nuevo iPadOS te permite añadir atajos a Sirien Ajustes > Siri y Búsqueda > Atajos.

[10]
Servicios Apple

Introducción

Solía ocurrir que un par de veces al año Apple subía al escenario y anunciaba algo por lo que a todo el mundo le estallaba la cabeza. ¡El iPhone! el iPad ¡El Apple Watch! ¡El iPod!

Eso sigue ocurriendo hoy en día, pero Apple también es muy consciente de la realidad: la mayoría de la gente no actualiza su hardware cada año. ¿Cómo gana dinero una empresa cuando eso ocurre? En una palabra: servicios.

En los últimos años (especialmente en 2019) Apple anunció varios servicios, cosas por las que la gente optaría por pagar mensualmente. Era una forma de seguir ganando dinero incluso cuando la gente no compraba hardware.

Para que funcionara, Apple sabía que no podía limitarse a ofrecer un servicio inferior y esperar que la gente pagara porque ponía Apple. Tenía que ser bueno. Y lo es.

Este libro le guiará a través de esos servicios y le mostrará cómo sacarles el máximo partido.

ICloud

iCloud es algo de lo que Apple no habla mucho, pero es quizás su servicio más importante. Se calcula que casi 850 millones de personas lo utilizan. Sin embargo, lo que ocurre es que mucha gente ni siquiera sabe que lo está usando.

¿Qué es exactamente? Si estás familiarizado con Google Drive, entonces el concepto es algo que probablemente ya entiendes. Es un almacén online. Pero es más que eso. Es un lugar donde puedes almacenar archivos y, además, lo sincroniza todo: si envías un mensaje desde tu iPhone, aparecerá en tu MacBook y en tu iPad. Si trabajas en una presentación de Keynote desde tu iPad, puedes continuar donde lo dejaste en tu iPhone.

Lo mejor de iCloud es que es asequible. Los teléfonos nuevos tienen 5 GB gratis. A partir de ahí, el rango de precios es el siguiente (ten en cuenta que estos precios pueden cambiar después de la impresión):

- 50 GB: 0,99
- 200 GB: 2,99
- 2TB: 9,99

Estos precios son para todos los miembros de tu familia. Así, si tienes cinco personas en tu plan, cada una no necesita su propio plan de almacenamiento. Esto también significa que las compras se guardan: si un miembro de la familia compra un libro o una película, todos pueden acceder a ella.

iCloud se ha vuelto aún más potente a medida que crece nuestra fototeca. Las fotos solían ser relativamente pequeñas, pero a medida que las cámaras han avanzado, el tamaño aumenta. La mayoría de las fotos de tu teléfono ocupan varios MB. iCloud significa que puedes conservar las más recientes en tu teléfono y poner las más antiguas en la Nube. También significa que no tienes que preocuparte por pagar por el teléfono con el disco duro más grande; de hecho, incluso si tienes el disco duro más grande, existe la posibilidad de que no quepan todas tus fotos.

Dónde está iCloud?

Si miras tu iPad, no verás una app de iCloud iCloud. Eso es porque no hay una app de iCloud. Hay una app Archivos que funciona como un almacén.

Para ver iClouddirija el navegador de su ordenador a iCloud.com.

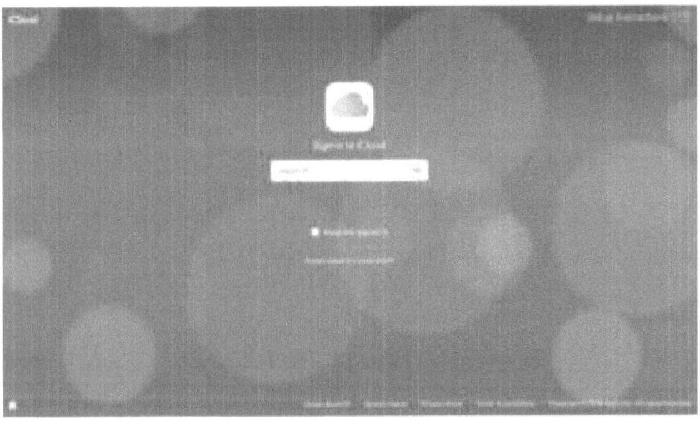

Una vez que inicies sesión, verás todas las cosas almacenadas en tu Nube: fotos, contactos, notas, archivos; todas son cosas a las que puedes acceder a través de todos tus dispositivos.

Además, puedes usar iCloud desde cualquier ordenador (incluso PC); esto es especialmente útil si necesitas usar Find Myque no solo localiza tu iPhone, sino todos tus dispositivos Apple (teléfonos, relojes, incluso AirPods...)..

Cómo hacer una copia de seguridad del teléfono con iCloud

Lo primero que debes saber sobre iCloud es cómo hacer una copia de seguridad de tu teléfono con él. Esto es lo que tendrá que hacer si se está moviendo de un teléfono a otro.

Si no hay aplicación iCloud en el teléfono, ¿cómo se hace? Aunque no hay una app nativa en el sentido tradicional al que estás acostumbrado, hay varios ajustes de iCloud en la app Ajustes.

Abre la aplicación Ajustes; en la parte superior verás tu nombre y tu foto de perfil; tócalos.

Esto abre los ajustes de mi ID, donde puedo actualizar cosas como los números de teléfono y el correo electrónico. Una de las opciones es iCloud. Toca ahí.

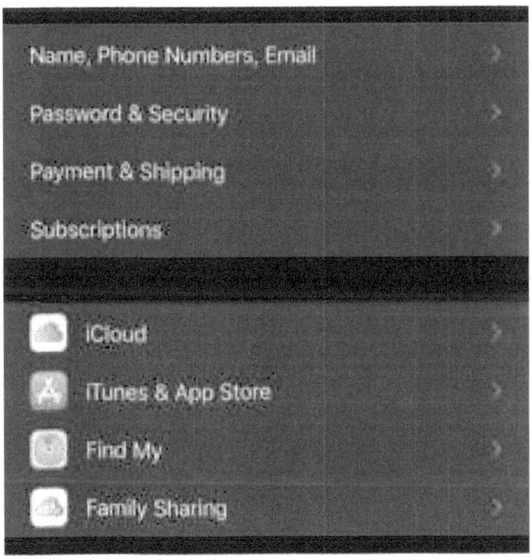

Desplácese un poco hacia abajo hasta llegar a la configuración que dice iCloud Copia de seguridad y tócalo.

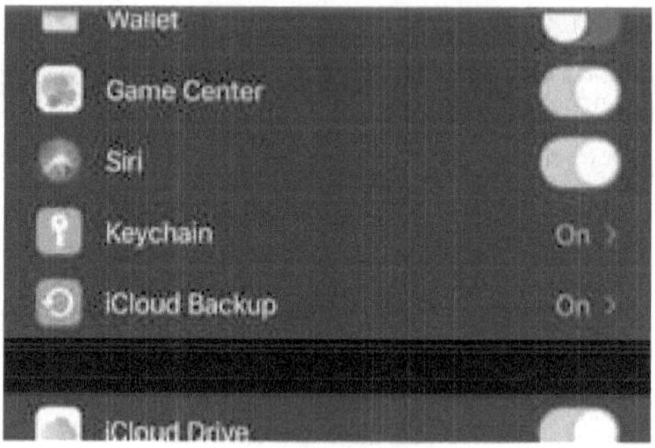

Probablemente estará activada (el interruptor estará verde); si prefieres hacer las cosas manualmente, puedes desactivarla y hacer una copia de seguridad ahora. Si lo desactivas, tendrás que hacer una copia de seguridad manual cada vez.

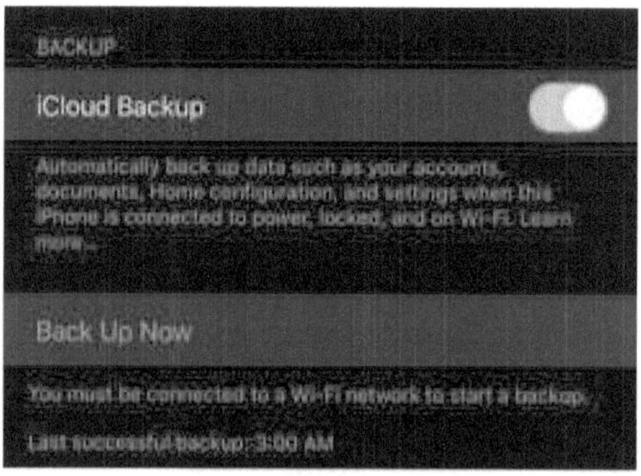

Desde iCloudtambién podrás cambiar qué apps usan iCloud y ver cuánto espacio te queda. En mi caso, tengo el plan de 2 TB y hemos usado casi la mitad.

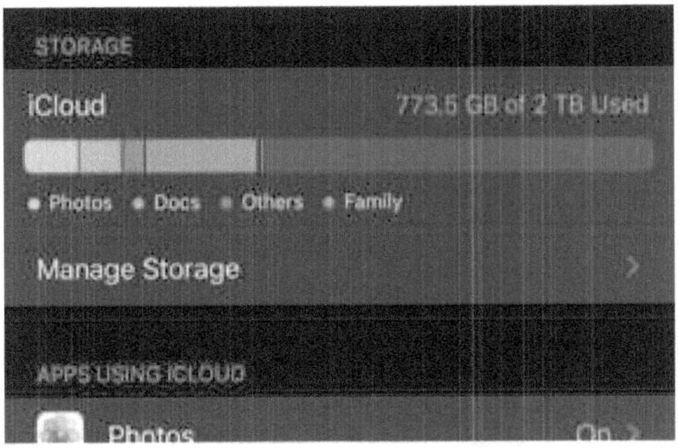

Si pulsa en Gestionar almacenamiento, podrá ver dónde se está utilizando el almacenamiento. También puede actualizar o degradar su cuenta desde esta página pulsando en Cambiar plan de almacenamiento.

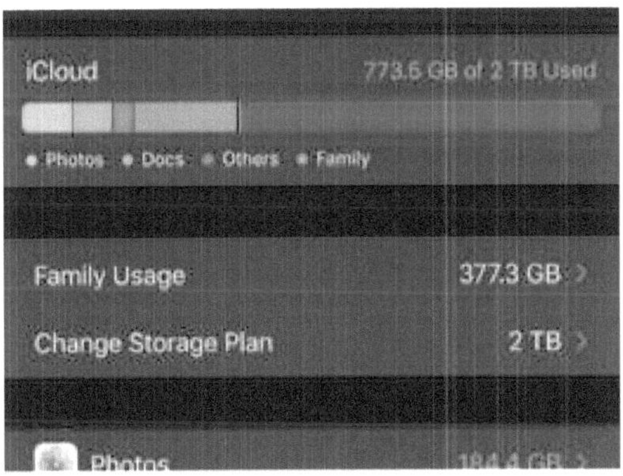

Pulsa en Uso familiar y podrás ver más específicamente qué miembros de la familia usan qué. También puedes dejar de compartir desde esta página.

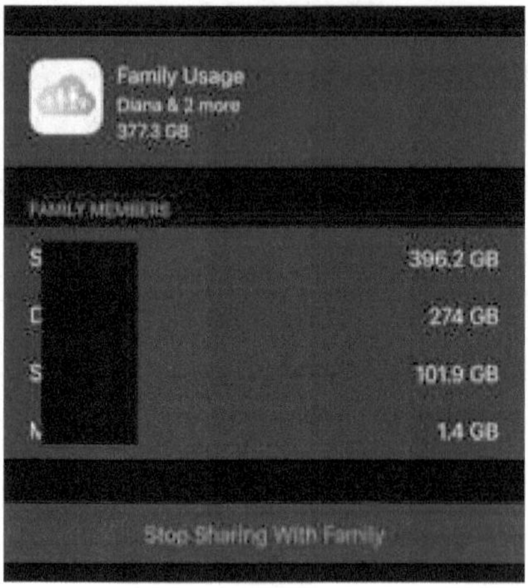

Cambiar de dispositivo

Cuando adquiera un nuevo dispositivo, durante la configuración se le pedirá que inicie sesión con el ID de Apple asociado a su dispositivo anterior y, a continuación, se le ofrecerá la opción de recuperar desde un dispositivo anterior.

Compartir fotos con iCloud

Para compartir y hacer una copia de seguridad de las fotos con iCloudve a Ajustes > Fotos y asegúrate de que Fotos de iCloud está en verde. Si tienes poco espacio de almacenamiento, puedes marcar la opción Optimizar almacenamiento.

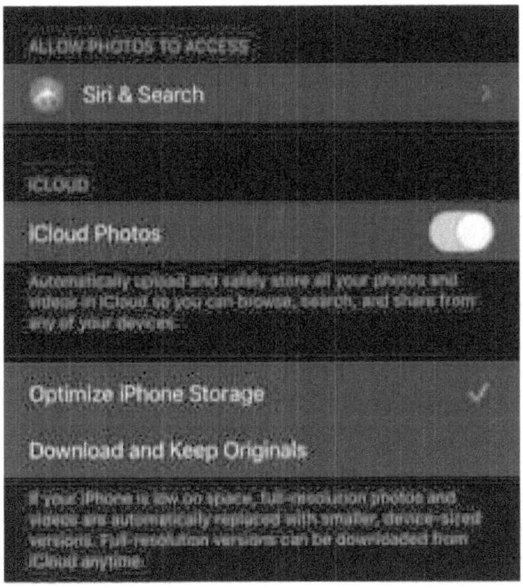

Archivos Aplicación

Para ver tus archivos en la nube, abre la app Archivos app.

Lo primero que verás son todos tus archivos recientes.

Si no ves lo que buscas, ve a las pestañas inferiores y cambia de Recientes a Examinar.

Esto abre un explorador de archivos de aspecto más tradicional.

Si quieres crear una nueva carpeta, conectarte a un servidor o escanear un documento, mantén pulsado cualquier lugar de la pantalla.

Escanear documentos te permite utilizar la cámara como un escáner plano tradicional para escanear e imprimir documentos.

También puede acceder a esta opción pulsando sobre ubicaciones y, a continuación, sobre los tres puntos pequeños.

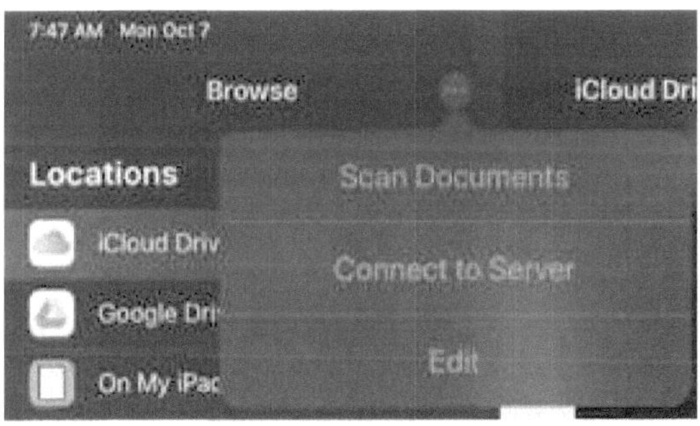

Puedes arrastrar hacia arriba desde la parte superior para revelar un menú de ordenación oculto (donde también puedes crear una nueva carpeta).

Si mantienes pulsado cualquiera de los iconos, aparecerá una opción de menú que te permite compartir un archivo, cambiarle el nombre, etc.

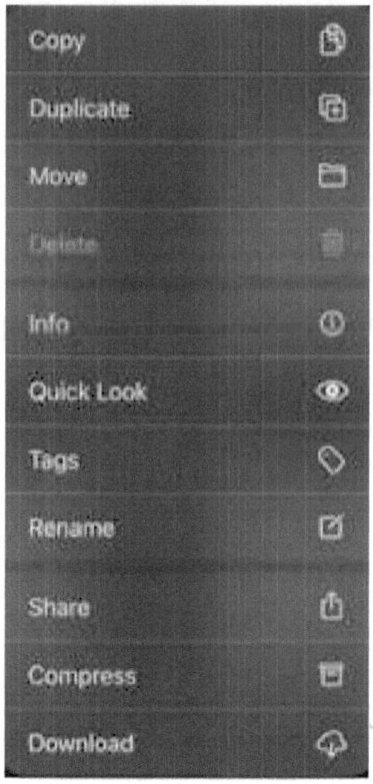

iCloud Ajustes

Otro conjunto importante de ajustes de iCloud se encuentra en Ajustes > General > Almacenamiento del iPad.

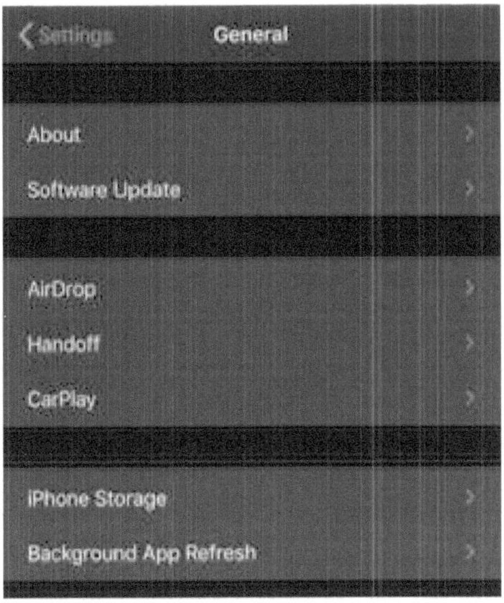

Al pulsarlo, te mostrará cuánto almacenamiento están utilizando las aplicaciones y también te hará recomendaciones.

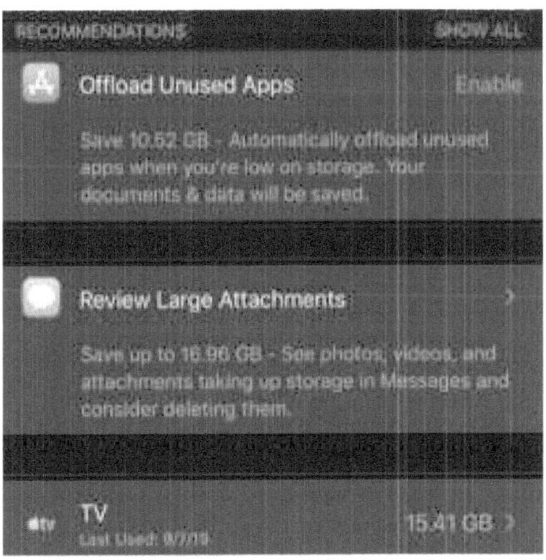

Apple Music

Apple Music es el servicio de música en streaming de Apple.

La pregunta que se hace la mayoría de la gente es cuál es mejor: Spotify o Apple Music? Sobre el papel es difícil de decir. Ambos tienen el mismo número de canciones y cuestan lo mismo (9,99 $ al mes, 5 $ para estudiantes y 14,99 $ para familias).

No hay un ganador claro. Todo se reduce a las preferencias. Spotify tiene algunas ventajas, como un plan gratuito con publicidad.

Una de las características más destacadas de Apple Music es iTunes Match. Si eres como yo y tienes una gran colección de archivos de audio en tu ordenador, te encantará iTunes Match. Apple coloca esos archivos en la nube y tú puedes reproducirlos en streaming en cualquiera de tus dispositivos. Esta función también está disponible si no tienes Apple Music por 25 dólares al año.

Apple Music también funciona bien con los dispositivos de Apple; así que, si eres una casa Apple (es decir, todo lo que tienes, desde altavoces inteligentes hasta TV cajas de medios, tiene el logotipo de Apple), entonces Apple Music es probablemente el mejor para usted.

Apple es compatible con otros altavoces inteligentes, pero está hecho para brillar en sus propios dispositivos.

No voy a hablar aquí de Spotify, pero mi consejo es que pruebes los dos (ambos tienen versiones de prueba gratuitas) y veas qué interfaz prefieres.

Apple Music Curso acelerado

Antes de repasar dónde están las cosas en Apple Musicvale la pena señalar que ya se puede acceder a Apple Music desde el navegador web (en versión beta) aquí: http://beta.music.apple.com.

También hay que tener en cuenta que tengo una niña pequeña y no escucho mucha música "para adultos", por lo que los ejemplos que voy a poner son de música para niños.

La navegación principal en Apple Music se encuentra en la parte inferior. Hay cinco menús básicos para seleccionar:

- Biblioteca
- Para ti
- Visite
- Radio
- Buscar en

En el extremo derecho hay una barra con lo que se está reproduciendo en ese momento (si procede).

Biblioteca

Cuando crees listas de reproducción o descargues canciones o álbumes, aquí es donde los encontrarás.

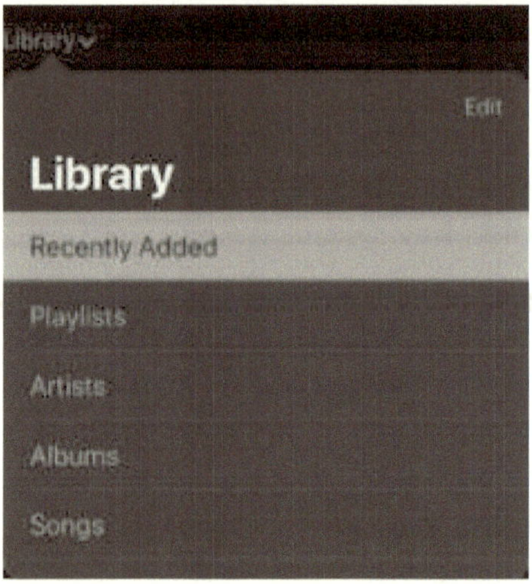

Puede cambiar las categorías que aparecen en esta primera lista pulsando en Editar y marcando las categorías que desee. Asegúrate de pulsar Hecho para guardar los cambios.

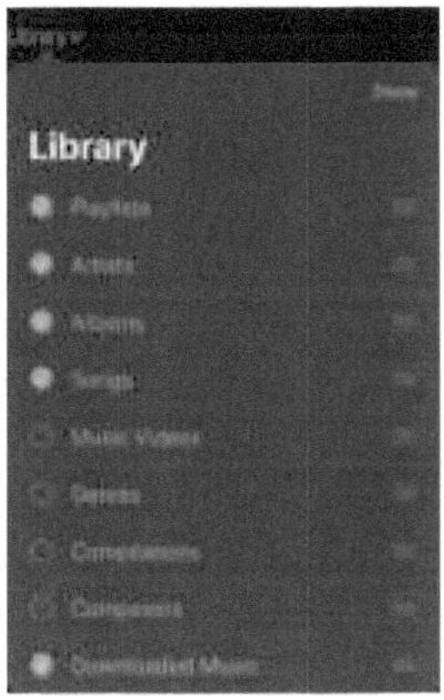

Para ti

A medida que reproduces música, Apple Music empieza a conocerte más y más; te hace recomendaciones basadas en lo que estás reproduciendo.

En For You, puedes conseguir una mezcla de todas estas canciones y ver otras recomendaciones.

Además de diferentes estilos de música, también tiene recomendaciones de amigos para que puedas descubrir nueva música basándote en lo que escuchan tus amigos.

Visite

¿No te gustan las recomendaciones? También puedes explorar géneros en el menú Explorar. Además de las diferentes categorías de géneros, puedes ver qué música es nueva y qué música es popular.

Radio

La radio es la versión de Apple de AM/FM; la emisora principal es Beats One. Hay DJs y todo lo que puedes esperar de una emisora de radio.

Aunque Beats One es la emisora estrella de Apple, no es la única. Puedes desplazarte hacia abajo y pulsar Emisoras de radio en Más para explorar y ver otras emisoras basadas en estilos musicales (por ejemplo, country, alternativa, rock, etc.). Bajo este menú, también encontrarás un puñado de emisoras de entrevistas que cubren noticias y deportes. No esperes encontrar la radio de opinión que puedes escuchar en la radio normal: está bastante libre de controversias.

Buscar en

La última opción es el menú de búsqueda, que se explica por sí mismo. Escribe lo que quieres encontrar (artista, álbum, género, etc.).

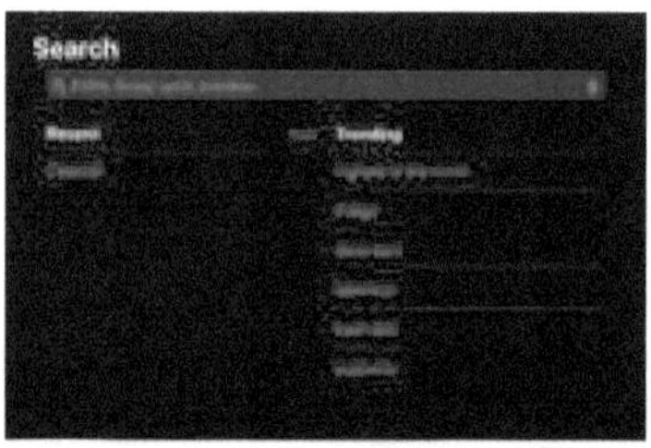

Escuchar música y crear una lista de reproducción

Puedes acceder a la música que estás escuchando en ese momento desde la parte inferior de la pantalla.

Al pulsarlo, aparece una vista más amplia de lo que estás escuchando con varias opciones.

Los botones de reproducción, atrás/adelante y volumen son bastante sencillos. Los botones de abajo pueden parecer nuevos.

La primera opción es para la letra. Si la canción está en pausa, puedes leer la letra; si se está reproduciendo, la letra aparece en negrita. Si alguna vez te has preguntado si el cantante está diciendo "denso" o "baila", esta función te cambiará la vida.

La opción del medio te permite elegir dónde reproducir la música. Por ejemplo, si tienes un HomePod y quieres escuchar de forma inalámbrica la música de ese dispositivo, puedes cambiarlo aquí.

La última opción muestra la(s) siguiente(s) canción(es) de la lista de reproducción.

Si quieres añadir una canción a una lista de reproducción, haz clic en los tres puntos que aparecen junto al nombre del álbum/artista. Aparecerá una lista con varias opciones (también puedes ir aquí para amar u odiar una canción -lo que ayuda a Apple Music a saber lo que te gusta); la opción que quieres es Añadir a una lista de reproducción. Si no tienes una lista de reproducción o quieres añadirla a una nueva, también puedes crear una aquí.

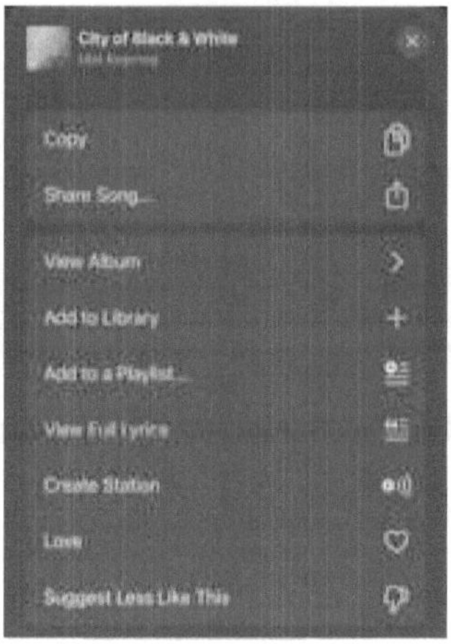

En cualquier momento, puedes tocar el nombre del artista para ver toda su música.

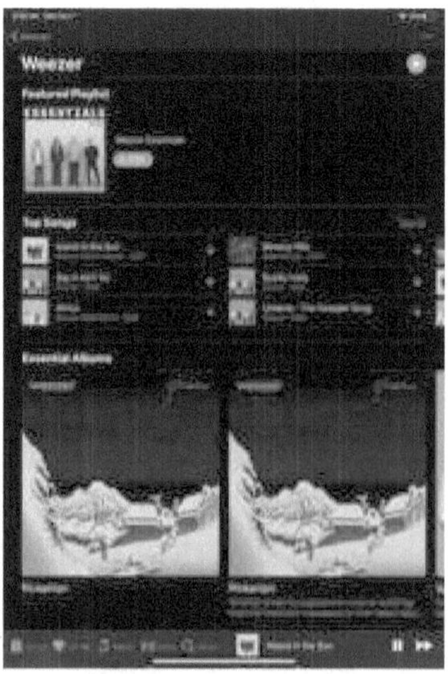

Además de ver información sobre el grupo, sus canciones populares y sus álbumes, puedes obtener una lista de reproducción de sus canciones esenciales o una lista de reproducción de grupos a los que han influido.

Si te desplazas hasta la parte inferior, también puedes ver Artistas similares, que es una forma estupenda de descubrir nuevos grupos parecidos a los que estás escuchando en ese momento.

Consejos para sacar el máximo partido a Apple Music

CORAZÓN

¿Te gusta lo que oyes? ¿Te gusta? ¿Lo odias? No te gusta. Apple llega a conocerte por lo que escuchas, pero mejora la precisión cuando le dices lo que piensas de una canción que realmente te gusta... o que realmente odias.

AJUSTES DE USO

Algunas de las funciones más ingeniosas de Apple Music no están en Apple Music, sino en tus ajustes.

Abre la aplicación Ajustes y desplázate hasta Música.

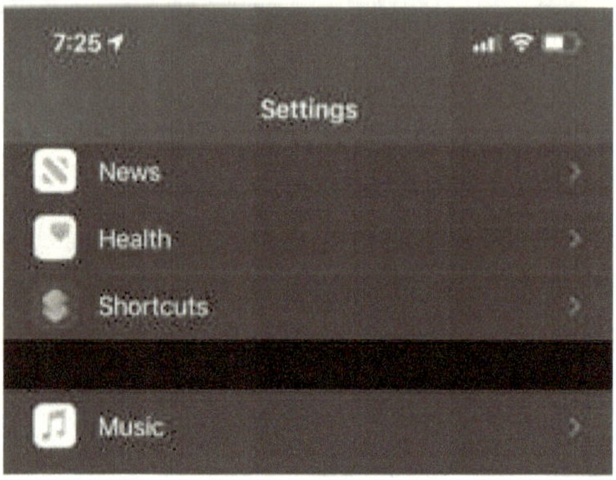

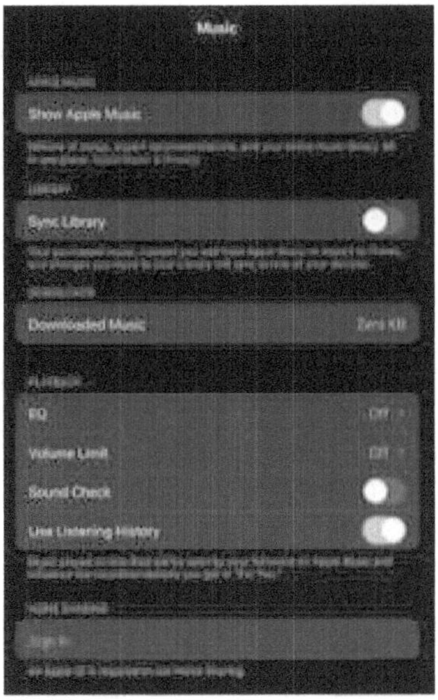

Si quieres cambiar el sonido de tu música -por ejemplo, más o menos graves-, ve a EQ en los ajustes.

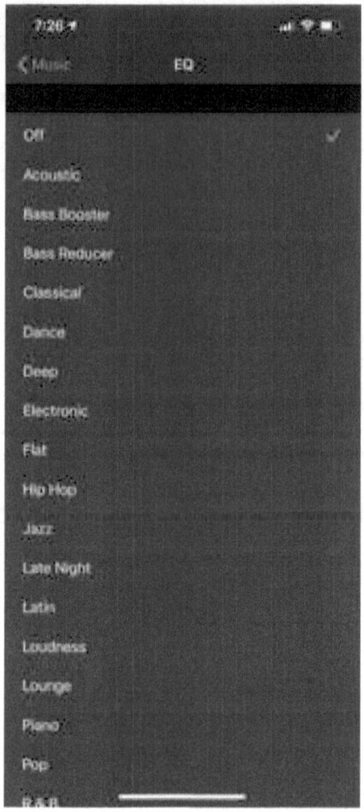

DESCARGAR MÚSICA

Si no quieres depender de los datos cuando estás de viaje, asegúrate de tocar la nube en tu música para descargar la música localmente en tu teléfono. Si no ves una nube, añádela a tu biblioteca pulsando el signo más, lo que la convertirá en una nube.

HOLA SIRI

Siri ¡sabe de música! Di "Oye, Siri", di lo que quieres escuchar y la IA se pondrá manos a la obra.

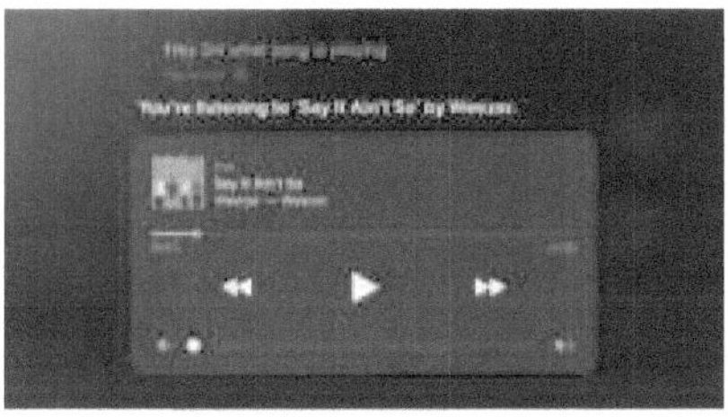

NOTICIAS DE APPLE

En 2012, una pequeña aplicación con grandes ambiciones llamada Next (más tarde pasó a llamarse Texture) trastocó la industria de las revistas al crear el Netflix de las revistas. Por un módico precio, podías leer cientos de revistas (y también sus números atrasados). No se trataba de pequeñas revistas independientes, sino de las grandes: People, Time, Wired y muchas más.

Apple se dio cuenta y, en 2018, adquirió la empresa. La escritura estaba en la pared: Apple quería entrar en los servicios de impresión.

En 2019 se anunció que Texture cerraría porque Apple lanzaría un nuevo servicio llamado News+. News+ hace todo lo que hacía Texture, pero además combina periódicos (Los Angeles Times y The Wall Street Journal).

Hay una versión gratuita del servicio que recopila las noticias por ti; la versión de pago, que incluye las suscripciones a revistas, cuesta 9,99 dólares. (Puedes tener cinco miembros de la familia en tu plan).

Lo que realmente hace que Apple News es que está diseñado para ti y tus gustos. Si tienes otros miembros de la familia en tu plan, también se seleccionará para ellos; se basa en los gustos del usuario, así que si a un miembro de tu familia le gustan las noticias de entretenimiento y a ti las de juegos, no verás sus intereses, solo los tuyos.

Noticias Apple Curso acelerado

Para empezar, abre la aplicación News desde su iPad (si no está en su iPad, puede descargarla gratuitamente de la App Store).

La interfaz de usuario de la aplicación es bastante sencilla. Hay varias opciones de menú que se encuentran deslizando el dedo desde la izquierda de la pantalla hacia la derecha; las dos que más utilizarás:

Hoy-Aquí encontrará sus noticias seleccionadas

Noticias+-Dónde encontrar revistas

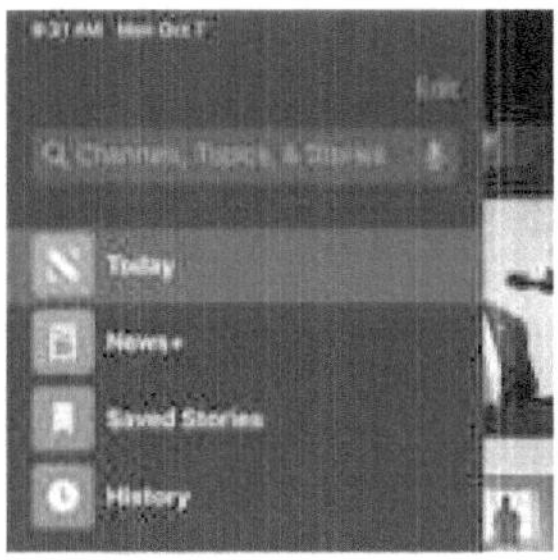

Hoy

El menú "Hoy" le ofrece todas las noticias (empezando por las noticias principales/de última hora) en un formato desplegable.

La aplicación se basa mucho en los gestos. Mantén pulsada una historia y aparecerán varias opciones.

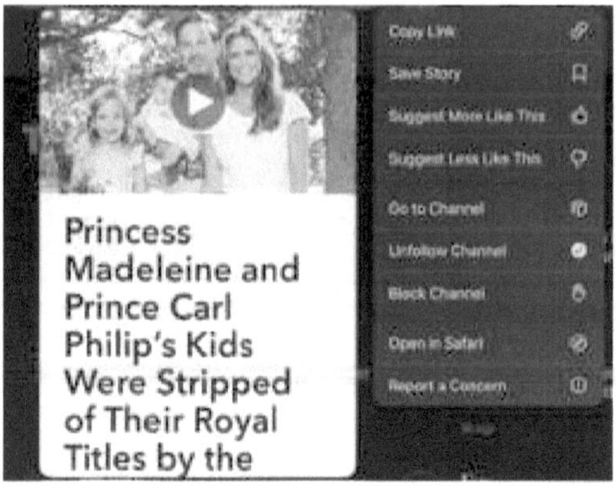

La que probablemente utilices más es la de sugerir más / menos así; estas dos opciones ayudan a Apple News a entender lo que te gusta y, con el tiempo, empezará a personalizar las historias en función de tus preferencias.

Normalmente, "denunciar" en una aplicación de noticias significa que la encuentras inapropiada por su naturaleza; eso es cierto en este caso, pero hay otras razones para denunciarla, como que la fecha es incorrecta, que está en la categoría equivocada, que es un enlace roto o cualquier otra cosa.

A medida que te desplazas hacia abajo, empiezas a ver diferentes categorías (Trending Stories en el ejemplo de abajo); cuando tocas los tres puntos con un círculo, te aparece una opción para bloquearla, de modo que ya no se mostrará en tu feed.

Cuando pulsas para leer una historia, sólo hay unas pocas opciones. En la parte superior, está la opción de ampliar o reducir el texto; al lado está la opción de compartir la historia con amigos (suponiendo que tengan Apple News). Para ir a la siguiente noticia, hay una opción en la esquina inferior derecha (o desliza el dedo hacia la izquierda desde la esquina derecha de la pantalla); para volver a la página anterior, toca la flecha hacia atrás en la esquina superior izquierda o desliza el dedo hacia la derecha desde el lado izquierdo de la pantalla.

Algunos han criticado Apple News Cuando Apple anunció el servicio junto con su asociación con Los Angeles Times y Wall Street Journal, muchos esperaban un formato similar al de la sección de revistas: un diseño de periódico completo.

Peor aún, muchos ni siquiera sabían cómo encontrar el periódico. Y si lo encontraban, no podían buscar artículos. Aunque la aplicación es bastante ingeniosa, aún se trata de un producto en fase inicial y es posible que algunas de las funciones que quieres no estén disponibles todavía.

Dicho esto, puedes leer "más o menos" Los Angeles Times (o cualquier periódico en Apple News) de una forma más tradicional. Primero, busca en tu feed un artículo de la publicación de la que quieras ver más y haz clic en el nombre de la publicación en la parte superior de la historia.

Aparecerá la publicación junto con todos los temas de esa publicación.

Si quieres buscar una noticia o publicación en concreto, desliza el dedo desde la izquierda de la pantalla hacia la derecha y busca lo que quieras encontrar.

Después de

En cualquier momento, puedes deslizar el dedo desde el borde izquierdo de la pantalla hacia la derecha y ver los canales / temas que sigues.

Aquí es donde vas a poder consultar tu historial, leer historias guardadas (como se ha indicado anteriormente), buscar historias y publicaciones, y seguir o dejar de seguir temas.

Para dejar de seguir una categoría, desliza el dedo hacia la izquierda sobre ella y selecciona Dejar de seguir.

Para añadir una nueva categoría, desplázate un poco hacia abajo. Verás temas sugeridos. Pulsa el botón "+" en los que quieras seguir.

Puede desplazar las categorías pulsando el botón Editar situado en la parte superior derecha.

Noticias+

La última sección es Noticias+; aquí es donde encontrarás todas las revistas que te gustan.

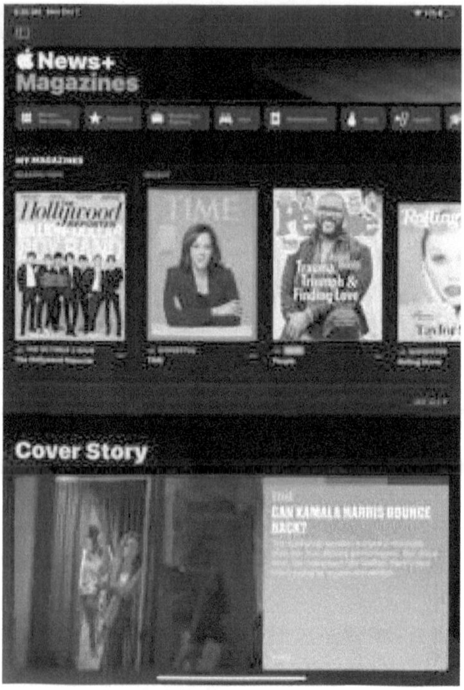

El formato es similar al de la pantalla "Hoy": las revistas que lees están en la parte superior y, debajo, hay artículos extraídos de distintas revistas que la aplicación considera de tu interés. También hay una sección más personalizada, Para ti.

Cuando lees artículos de la lista, se abre en la revista real y tiene un aspecto un poco diferente al de los artículos del área Hoy.

Cuando quiera leer más de una revista (o consultar números anteriores), sólo tiene que hacer clic en el logotipo del artículo que esté leyendo.

Aparecerá una lista de todos los números que puedes leer, así como algunos de los últimos artículos de la revista.

Tocando el botón "+" en la esquina superior derecha podrá seguir la publicación.

Si mantienes pulsada la portada de la revista en la sección Mis revistas, también puedes dejar de seguirla, eliminarla o ver los números anteriores de la publicación.

Para consultar todas las revistas disponibles, seleccione Consultar el catálogo en la pantalla principal (o busque por la categoría que le interese).

Aparecerá una lista de todas las revistas que puedes leer (en este momento hay unas 300).

Mantenga pulsado cualquiera de ellos y podrá descargar la revista, seguirla, bloquearla o consultar la biblioteca de números atrasados.

FITNESS

Una de las mayores mejoras que llegarán a los dispositivos Apple es Fitness+. Te trata de un nuevo servicio de Apple que revolucionará el sector del fitness.

Apple proporcionó una visión general del servicio en septiembre, pero no la ha hecho pública hasta la publicación de este libro.

Costará 9,99 $ al mes o 79,99 $ al año (con tres meses gratis si compras un nuevo Apple Watch); Fitness+ también estará incluido en el nuevo servicio Apple One Premier (29,99 $/mes), que te da acceso a ti y a toda tu familia a todos los servicios de Apple.

El funcionamiento de los servicios consiste en que el usuario elige el tipo de entrenamiento que desea realizar a través de su Apple TViPad o iPhone, que se sincronizará al instante con tu reloj. Así, mientras se reproduce el vídeo de entrenamiento, verás datos como tu frecuencia cardiaca en el vídeo.

Los entrenamientos cambian cada semana y puedes utilizarlos con o sin aparatos. Hay entrenamientos para principiantes y avanzados, y la IA de Apple te recomendará diferentes entrenamientos y entrenadores en función de tu régimen de entrenamiento.

Incluso puedes filtrar los entrenamientos por tiempo (de 5 a 45 minutos); así, si sólo tienes unos minutos en tu agenda, puedes encontrar una rutina de entrenamiento que se ajuste a ese horario.

Si ha utilizado (o está familiarizado con) Peloton, entonces es un concepto muy similar. La mayor diferencia es que puede funcionar con más dispositivos (o con ninguno), lo que lo hace ideal para viajar.

También podrás elegir el tipo de música que suena durante el entrenamiento.

[10]
MANTENER Y PROTEGER

SEGURIDAD

Código de acceso (qué hacer y qué no hacer, consejos, etc.)

En los tiempos que corren, es importante mantener tu dispositivo seguro. Puede que quieras o no configurar Touch ID (si está en tu modelo), pero como mínimo es una buena idea mantener un código de acceso. Cada vez que tu tableta se desbloquee, reinicie, actualice o borre, requerirá un código de acceso antes de permitir la entrada en la tableta. Para configurar un código de acceso para tu iPad, ve a Ajustes > Código de acceso y haz clic en Activar código de acceso. Se te pedirá que introduzcas un código de 4 o 6 dígitos y que lo vuelvas a introducir para confirmar. Aquí tienes algunos consejos que debes seguir para lograr la máxima seguridad:

Qué hacer

Crea un código de acceso único que sólo tú conozcas.

Cámbialo de vez en cuando para mantenerlo desconocido.

Seleccione un código de acceso que pueda modificarse fácilmente cuando llegue el momento de cambiarlo.

No hacer

NO utilices un código de acceso simple como 1234 o 5678.

NO utilices tu cumpleaños o año de nacimiento

NO utilices un código que pueda tener otra persona (por ejemplo, el PIN de una tarjeta de débito compartida).

NO vayas por el centro (2580) o por los lados (1470 o 3690)

Cifrado

Con toda la información personal y sensible que se puede almacenar en iCloudes comprensible que la seguridad sea una preocupación muy real. Apple está de acuerdo con esto, y protege tus datos con un cifrado AES de 128 bits de alto nivel. Llaverosobre el que aprenderás a continuación, utiliza un cifrado AES de 256 bits, el mismo nivel de cifrado que utilizan los principales bancos que necesitan altos niveles de seguridad para sus datos. Según Apple, lo único que no está protegido con cifrado a través de iCloud es Mail (porque los clientes de correo electrónico ya proporcionan su propia seguridad) e iTunes en la Nube, ya que la música no contiene información personal.

LLAVERO

¿Has entrado en un sitio web por primera vez en años y has olvidado qué tipo de contraseña utilizaste? Esto le pasa a todo el mundo; algunos sitios web requieren caracteres especiales o frases, mientras que otros requieren pequeñas contraseñas de 8 caracteres. iCloud viene con una función altamente encriptada llamada Llavero que te permite almacenar contraseñas e información de inicio de sesión en un solo lugar. Cualquiera de tus dispositivos Apple sincronizados con la misma cuenta de iCloud podrá cargar los datos de Llavero sin ningún paso adicional.

Para activar y empezar a utilizar Llaverosimplemente haz clic en Ajustes > iCloud y activa Llavero, luego sigue las instrucciones. Después de añadir cuentas y contraseñas a Llavero, tu navegador Safari rellenará automáticamente los campos mientras sigues conectado a iCloud. Por ejemplo, si estás listo para pagar después de hacer algunas compras en línea, la información de la tarjeta de crédito se rellenará automáticamente, por lo que no tendrás que introducir ninguna información sensible.

ICLOUD

Para aprovechar al máximo el ecosistema cuidadosamente creado por Apple y formar parte de él, tendrás que crear una cuenta iCloud iCloud. En pocas palabras, iCloud es un potente sistema en la nube que coordinará a la perfección todos tus dispositivos importantes. La nube puede ser un poco difícil de entender, pero la mejor manera de pensar en ella es como una unidad de almacenamiento que vive en una parte segura de Internet. Se te asigna una cierta cantidad de espacio, y puedes poner las cosas que más significan para ti aquí para mantenerlas a salvo. En el caso de iCloud, Apple te da 5 GB gratis.

Tu tablet te permite hacer copias de seguridad automáticas de determinados archivos, como tus fotos, correo, contactos, calendarios, recordatorios y notas. En caso de que tu tableta sufra daños irreparables o se pierda o te la roben, tus datos seguirán almacenados de forma segura en iCloud. Para recuperar tu información, puedes entrar en iCloud.com desde un Mac o PC, o acceder a tu cuenta de iCloud desde otro iPad para cargar la información en ese tablet.

Con la introducción de iOS 8 y el iPhone 6 y 6 Plus, Apple introdujo algunos cambios importantes. Ahora podrás almacenar aún más tipos de documentos utilizando iCloud Drive y acceder a ellos desde cualquier smartphone, tableta u ordenador. Además, ahora hasta seis miembros de la familia podrán compartir compras de iTunesy el App Storey App Store, eliminando la necesidad de comprar una aplicación dos veces simplemente porque tú y un ser querido tenéis dos cuentas de iCloud diferentes.

Para los usuarios que necesiten más de 5 GB, Apple ha reducido drásticamente el coste de iCloud:

50 GB cuestan 0,99 $ al mes
200 GB cuestan 2,99 $ al mes
1 TB (1000 GB) cuesta 9,99 $ al mes
2 TB (2000 GB) cuesta 19,99 $ al mes

Apéndice A: Accesorios

Apple Pencil (Segunda generación)

El mayor compañero del iPad -quizás la razón por la que compraste el dispositivo- es el Apple Pencil. El Pencil parece un lápiz óptico normal, pero es mucho más sofisticado que eso; en realidad tiene un pequeño procesador en su interior y, cuando lo usas, busca una señal más de 240 veces por segundo.

A diferencia de otros stylus, el Apple Pencil tiene una batería integrada. Para cargarlo, basta con conectarlo al lado magnético del iPad. Apple dice que puedes conseguir 30 minutos de vida del Pencil cargándolo durante solo 15 segundos. Sin embargo, no te preocupes por cargarlo constantemente: durará aproximadamente 12 horas con una carga completa.

Usar el Apple Pencil también es fácil; en cuanto tocas la pantalla con el Pencil, el iPad detecta que se trata de un lápiz y no de un dedo. Si presionas el Pencil con más fuerza sobre el iPad, la línea o el objeto que estés dibujando se oscurecerá; si lo presionas con más suavidad, se aclarará. Si quieres añadir sombreado, inclina el Pencil; los sensores del interior del Pencil calculan la orientación y el ángulo de tu mano.

Scribble para Apple Pencil

Apple Pencil ha recibido una gran actualización en iPadOS 16 con la nueva función "Scribble", que te permite utilizar el lápiz en los campos de búsqueda, para que puedas garabatear texto en una búsqueda de Google, por ejemplo, en lugar de escribirlo.

Puedes utilizar Scribble siempre que haya un texto

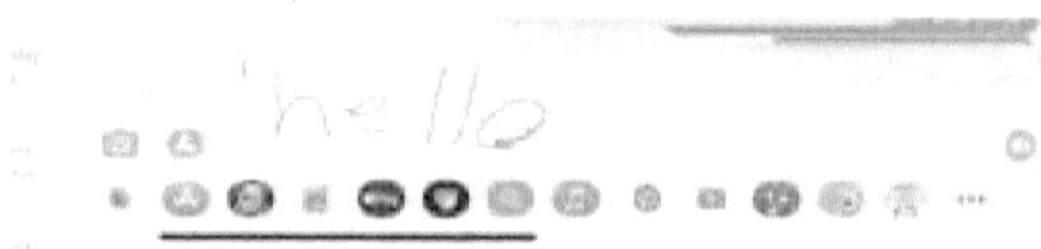

Si escribes algo mal o quieres borrarlo, sólo tienes que marcarlo con un garabato.

Si quieres resaltar una palabra o frase, rodéala con un círculo.

También puedes unir dos palabras poniendo un guión entre ellas.

USO DEL APPLE PENCIL CON LA APLICACIÓN APP

Cuando se utiliza el Apple Pencil con la app Notas Scribble funciona de forma diferente. Técnicamente sigues garabateando texto, pero no verás esa conversión instantánea.

En NotasApple Pencil trata la aplicación como un diario y mantiene tu escritura intacta.

Eso no quiere decir que no puedas convertir tus garabatos en texto: el proceso es un poco diferente. Después de escribir el texto, tócalo y resáltalo con el dedo como harías con cualquier texto normal. Cuando aparezca el cuadro preguntándote qué hacer, selecciona copiar como texto y, a continuación, ve al lugar donde quieres que vaya el texto y pégalo.

El Apple Pencil es bastante sofisticado, pero si tu letra es tan mala como la mía, entonces hay un poco de curva de aprendizaje.

Apple Pencil no es sólo para texto. También puede reconocer y convertir formas. Para utilizarlo, dibuja una forma (por ejemplo, un círculo, un cuadrado, etc.) como lo harías normalmente y, cuando llegues al final, haz una pausa, pero no levantes el lápiz, solo haz una pausa. En unos segundos, mostrará una vista previa de cómo cree que debe quedar la forma; si estás satisfecho, levanta el lápiz.

APPLE PENCIL AJUSTES

Apple Pencil son limitados. Puedes acceder a ellos entrando en la app Ajustes y seleccionando Apple Pencil.

A partir de aquí hay dos ajustes que debes tener en cuenta. El primero es "Doble toque"; cuando haces doble toque en tu Apple Pencil hace algo-lo que hace lo decides tú aquí.

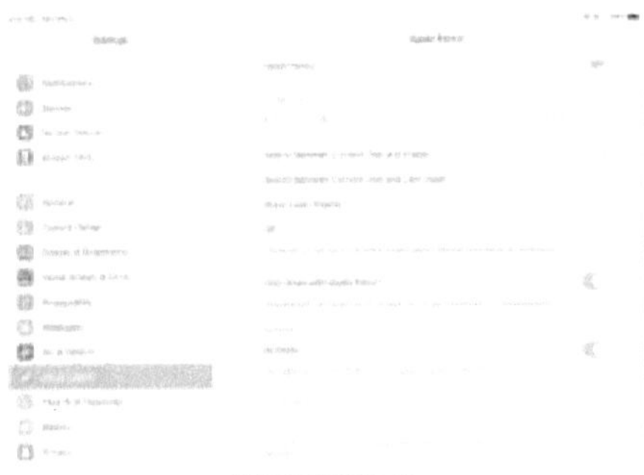

La segunda cosa que debes tener en cuenta es Scribble; si odias absolutamente la función o sólo la necesitas desactivada durante un corto periodo de tiempo, entonces toca el interruptor de palanca.

TECLADO INTELIGENTE PARA IPAD

El teclado es de tamaño completo, es decir, tiene el mismo tamaño y espaciado que el de las tabletas más grandes. Al ser de tamaño completo, hay espacio para los atajos. Por ejemplo, si mantienes pulsado el botón CMD junto a la barra espaciadora mientras estás en Pages, aparecerá el siguiente menú:

Bold	⌘ B
Italic	⌘ I
Underline	⌘ U
Copy Style	⌘ option C
Add Comment	⌘ shift K
Find	⌘ F
Hide Word Count	⌘ shift W
Hide Ruler	⌘ R
Create Document	⌘ N

Si el teclado no es lo suficientemente robusto para ti, otro teclado que puedes echar un vistazo es el Logitech Create keyboard; es unos 10 dólares más barato que el Apple Keypero funciona de la misma manera. El teclado Logitech tiene retroiluminación (para que puedas ver las teclas en la oscuridad) y se carga a través del iPad, así que no necesitas pilas. Sin embargo, tiene un coste: pesa alrededor de medio kilo.

ÍNDICE

SOBRE EL AUTOR

Scott La Counte es bibliotecario y escritor. Su primer libro, *Quiet, Please: Dispatches from a Public Librarian* (Da Capo 2008) fue la elección del editor para el Chicago Tribune y un título Discovery para Los Angeles Times; en 2011, publicó el libro YA The N00b Warriors, que se convirtió en un best-seller #1 de Amazon; su libro más reciente es *#OrganicJesus: Finding Your Way to an Unprocessed, GMO-Free Christianity* (Kregel 2016).

Ha escrito docenas de las guías más vendidas sobre productos tecnológicos.

Puede ponerse en contacto con él en ScottDouglas.org.

www.ingramcontent.com/pod-product-compliance
Lightning Source LLC
LaVergne TN
LVHW042049051026
849517LV00012B/407
* 9 7 9 8 2 1 5 3 2 8 0 5 7 *